सांस्औतिक बीजिंग की झलकियाँ

www.royalcollins.com

सांस्औतिक बीजिंग की झलकियाँ

लेखक : युआन शियाओचा

चित्रांकन : तियान झेनकुन, गुओ काईजुन, मा जिया, चेन होंगजीए,
ल्यु यांग, क्वाई शिनजूए, ली जियामिन, ली रूओशुआन

RC

Books Beyond Boundaries

ROYAL COLLINS

रॉयल कॉलिन्स

Sketches of Classic Beijing

Written by Yuan Xiaocha
Illustrated by Tian Zhenkun, Guo Caijun, Ma Jia, Chen Hongjie, Lü Yang, Kuai Xinjue, Li Jiamin, and Li Ruoxuan

Hindi Translator: Biju Negi

First Hindi Edition 2024
By Royal Collins Publishing Group Inc.
BKM Royalcollins Publishers Private Limited
www.royalcollins.com

सांस्कृतिक बीजिंग की झलकियाँ
लेखक : युआन शियाओचा

चित्रांकन : तियान झेनकुन, गुओ काईजुन, मा जिया, चेन होंगजीए, ल्यु यांग, क्वाई शिनजूए, ली जियामिन, ली रूओषुआन

हिंदी अनुवाद : बिजू नेगी

Headquarters: 550-555 boul. René-Lévesque O Montréal (Québec) H2Z1B1 Canada
India office: 805 Hemkunt House, 8th Floor, Rajendra Place, New Delhi 110 008

ISBN: 978-1-4878-1274-4

戴春林
胭脂水粉

प्राक्कथन

यह किताब "सुन्दर चीन" पुस्तक-शृंखला का हिस्सा है। जैसा कि नाम से स्पष्ट है, यह पुस्तक-शृंखला, प्रकृति व मानव समाज में उच्च सौन्दर्यबोध मूल्य वाली वस्तुओं वस्तुओं, विषयों व पात्रों को चित्रित करने पर केन्द्रित है। इनमें सिर्फ पक्षियां, पशु, कीट व मत्स्य सम्मिलित नहीं हैं बल्कि हवा, वर्षा, बिजली का कड़कना जैसी प्राकृतिक क्रियाएं भी शामिल हैं। इनमें, संगीत, नृत्य, वास्तुकला, चित्रकला, मूर्तिकला, नाटक व फिल्म जैसी रंगों, आकारों, स्वरों, व शब्दों से रचित विभिन्न कला-विधाएं भी हो सकती हैं।

यांग्त्से नदी (जिसे येलो रिवर भी कहा जाता है) की मटियाली, अनवरत धारा ने प्राचीन चीनी सभ्यता को पाला-पोसा है। "मातृ नदी" द्वारा पोषित, चीनी पूर्वजों ने जनजातियों को सामन्ती युग के आर-पार, श्नै-ष्नै जनजातीय राष्ट्र में, फिर राज्य व बादषाहत में विकसित किया। आखिरकार, आधुनिक दौर में, भिन्न व्यवहारिक अन्वेषण की कोशिशों के बाद, चीनी अभिलक्षण-युक्त समाजवाद के पथ पर चीन चला। अपने लंबे इतिहास के पूरे दौरान, चीन में एकता व विभाजन, उतार-चढ़ाव का अनुभव रहा। चीन में जनजातीय राष्ट्रों का इतिहास एक हजार सालों से अधिक रहा जिसके बाद चाओ राजवंश (1046-256 पू.ई.) रहा जो करीब 800 साल चला। तत्पष्चात्, चीन ने 2000 सालों से भी अधिक के सामन्ती दौर में प्रवेश किया। बहरहाल, चीन के इतिहास अपने लंबे दौर से कहीं अधिक, परिवर्तनों से भरपूर रहा। अपने 5000 सालों से अधिक के इतिहास में, चीनी सभ्यता ने अपने क्रमविकास की रफ्तार कभी रोकी नहीं। राष्ट्र-राज्य के अपने 4000 सालों से अधिक के इतिहास के पूरे दौरान, चीन ने 15 राजवंशों व करीब 70 शासन कालों को पोषित किया और अनेक युद्धों से भी गुजरा। निसन्देह, युद्ध व शासन परिवर्तन, लोगों के लिए विनाशकारी हो सकते हैं लेकिन फिर भी उसने समाज के सभी पक्षों में बदलाव तेज किया और चीनी इतिहास

三元梅園
酸梅汤
三元梅園

की घटनापूर्ण तस्वीर गढ़ी। खगोलशास्त्र, कैलन्डरीय विज्ञान व कृषि उपकरणों में प्रगति, छपाई व कागज़ निर्माण की तकनीकों में सुधार तथा वाणिज्य व व्यापार में खुशहाली के लिए आधिकारिक तंत्र चयन, चीन राष्ट्र कदम-दर-कदम आगे बढ़ता हुआ वर्तमान तक पहुंचा है।

चीन के राष्ट्रपति शी जिनपिंग ने कई बार कहा कि दुनिया, "शताब्दी में अनदेखें गहन परिवर्तनों" से गुजर रही है। ऐसे ऐतिहासिक मौकों व सांस्कृतिक संदर्भों के समक्ष, चीन अंतरराष्ट्रीय प्रकाशन समूह (*चाइना इंटरनेशनल पब्लिशिंग ग्रुप*) के कहने पर, चाइना पिक्टोरियल प्रेस ने "सुन्दर चीन" पुस्तक-शृंखला प्रस्तुत की है, जो न सिर्फ चीन के प्राकृतिक व सांस्कृतिक दृश्यस्थलों का विश्लेषण करती है बल्कि चीन के हिमायती, उससे प्रेम व उसकी प्रशंसा करने वाले वैश्विक पाठकों को चीन की कहानियों से अवगत कराती है।

किसी भी कहानी का एक विषय होता है। जिन कहानियों को हमने बताना चाहा, उनका विषय "सुन्दर चीन" हमने यूं ही नहीं चुना। हम सब सुन्दर चीजों से प्रेम करते हैं। दरअसल, सौन्दर्य के तलाश न सिर्फ चीनी लोगों की बल्कि दुनिया के अन्य हिस्सों के लोगों की आकांक्षा का प्रतिनिधित्व करती है। विभिन्न संस्कृतियों या सभ्यताओं में सौन्दर्य की परिभाषा अलग-अलग हो सकती है, लेकिन दुनिया भर के लोगों में प्राचीन काल से ही सौन्दर्य को लेकर एक साझा आकांक्षा रही है।

चीन का सौन्दर्य, उसके गहन इतिहास व विस्तृत क्षेत्रफल से उपजा है। चाहे चकाचौंध करते खुशहाल महानगर हों या साधारण छोटे शहर, हम सब जगह इतिहास द्वारा छोड़े सुराग ढूंढ सकते हैं। देश के विस्तृत क्षेत्रफल भर में फैली विविध संस्कृतियां, चीन को अलग-अलग प्रकार की सुन्दरता प्रदान करती हैं। यहां ऊंचे पर्वतों व विशाल नदियों से लेकर कलकल करती सरिताएं व उन पर उत्कृष्ट सेतु हैं; गगनचुम्बी भवनों हैं तो साधारण निवास भी; ढलते सूर्य के पार्श्व में प्रचंड नदियों के विहंगम दृश्य तथा चट्टानों के बीच बहती पारदर्शियों सरिताओं के मनमोहक दृश्य..... चीन का सौन्दर्य उसके क्षेत्रफल की तरह ही अंतहीन है। इस किताब के जरिए हम पाठकों को देशभर में मैदानों से लेकर पहाड़ों तक, समुद्रतटीय क्षेत्रों से लेकर भीतरी इलाकों में फैले विभिन्न शहरों, कस्बों व गांवों के प्राकृतिक भूगोल व सांस्कृतिक अगाधता से अवगत कराना चाहते हैं और साथ ही यह भी कि विभिन्न इलाकों में रह रहे लोग किस तरह अलग-अलग जीवनशैलियों अपनाते हैं तथा कैसे उनका जीवन एक साथ आकर देश की विविध संस्कृतियों व जीवनशैलियों को एक सूत्र में पिरोता है। एक वाक्य में कहें तो, हम यथार्थ व निश्चित विवरणों, न कि काल्पनिक अवधारणाओं, साधारण बिंब-चित्रण या मानकित प्रतीकों के जरिए जीवन की ऊर्जस्विता को प्रकट करना चाहते हैं।

यह पुस्तक-शृंखला, चित्रों के जरिए चीन की जीवंत कहानियों का वर्णन करती है। अतः इसमें चित्रों को प्राथमिकता देते हुए, शाब्दिक वर्णन, स्पष्टीकरण व टिप्पणियों को पूरक की तरह दिया गया है, जिससे पाठक व्यवस्थित जानकारी के साथ गहरा प्रभाव अनुभव कर सके।

इस पुस्तक-शृंखला में छायांकन कृतियों के अलावा, चित्रकला भी शामिल की गयी है। उदाहरण के लिए, "हस्त-चित्रित उत्कृष्ट यात्रा थल-चिह्न" उप-शृंखला में जलरंग कलाचित्रों से शहरों व वहां की लोक प्रथाओं को दर्शाया गया है। यह न सिर्फ शहरों को चित्रित करने का एक आदर्श माध्यम है बल्कि कला व सौन्दर्यबोध शिक्षण का भी अवसर प्रदान करता है। जलरंग (वाटरकलर) चित्रकला से एशियाई व पश्चिमी दर्शक दोनों परिचित हैं। हमने शहरों को, जिससे अधिकांश लोग परिचित हैं, चित्रित करने का यह माध्यम इसलिए चुना ताकि चीन की कहानियों को सजीव, प्रत्यक्ष रूप से बताते हुए हम उन्हें पाठकों के लिए अधिक सुलभ बना सकें।

ऐसा कर के, हम चीन के सर्वाधिक सुन्दर पक्षों को दुनिया के सामने प्रस्तुत करने तथा चीन की कथाओं को उस प्रत्येक पाठक को जो हमारे देश व उसकी संस्कृति में रुचि रखता है, बताने की उम्मीद करते हैं।

विषय सूची

अध्याय 1

वसंत व ग्रीष्म

अध्याय 2

शरद व शिशिर

अध्याय 3

अभिवादन व प्रार्थनाएं

अध्याय 4

असली बीजिंग को जानें

अध्याय 5

विश्राम

अध्याय 6

सभ्य-सुलझे आदमी का जीवन

अध्याय 7

रोमांचक "साहसिक कार्य"

अध्याय 8

फुरसत का समय

अध्याय 9

आमोद-प्रमोद

अध्याय 10

गर्मजोशी से स्वागत

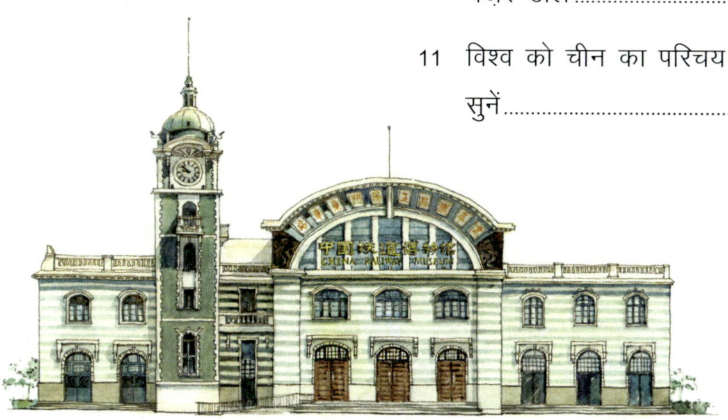

紀曉嵐故居

अध्याय 1

वसंत व ग्रीष्म

01

10 वेस्ट थर्ड रिंग मिडिल रोड, हेडियन जिला

देर से आए वसंत में युयुआंतन पार्क में आच्छादित चेरी के फूलों को देखें

जोंगडू के उत्तर-पश्चिम उपनगर में एक लोकप्रिय सुन्दर स्थल तथा चिन राजवंश (1115-1234) की राजधानी, युयुांतन शाही विद्वानों व अधिकारियों के लिए एकांत में आराम के लिए पसंदीदा जगह रही है। चिंग राजवंश के सम्राट चियानलांग के शासनकाल में यहां एक जलाशय का निर्माण हुआ जिसके लिए फ्रेग्रेंट हिल्स से एक नयी नहर के जरिए पानी लाया गया। झील के पूर्व में सम्राट के लिए एक अस्थायी महल बनाया गया। आज, यह क्षेत्र चीन में चेरी के सबसे विशाल पार्कों की जगह बन गयी है। युयुांतन पार्क में दो हजार से अधिक चेरी के पेड़ हैं। वसंत के गर्माते दिनों में झील का किनारा, पिकनिक के लिए आदर्श स्थल है। ल्याआओ (907-1125), चिन युआन (1206-1368), मिंग (1368-1644) व चिंग (1616-1911) राजवंश गोधूलि की बेला पर चेरी फूलों के पतझड़ पर अपने प्रणय गीत गाते थे। यहां का दृश्य आपको दक्षिणी तांग राजवंश के कवि फेंग यांसी के छन्द गीत "वसंत की बयार पानी की सतह पर बुलबुले पैदा करती है", ताओ चियान का कथन, "चेरी के फूलों की झरती पंखुड़ियां" और जैसा सोंग राजवंश कें सम्राट हाओजौंग ने लिखा "शाम की बयार में मंद-मंद" उड़ती पंखुड़ियां, की याद दिलाएगा।

युयुआंतन पार्क में चेरी के पेड़ हर साल मार्च और अप्रैल में खिलते हैं।

पार्क के दक्षिण पश्चिम भाग को झोंगशान आइलेट क्षेत्र कहा जाता है।

चाइना सेंट्रल रेडियो और टेलीविजन टह्वर।

साफ़ झील धूप में चमकती है।

02

ए23 गोंगमेनकियान, हेडियन जिला

ग्रीष्म महल में राजमाता शिसी द्वारा लगाए गए खिले हुए मैगनोलिया का आनंद लें

बीजिंग के बाहरी ओर उत्तर-पश्चिम में स्थित ग्रीष्म महल में राजमाता सिसी ने मैगनोलिया के पेड़ लगाए थे। इन पेड़ों को देखने, जनता की मील भर लंबी पंक्ति में इंतजार किए बगैर वसंत भी अधूरा ही रहेगा। महल का मूल नाम "निर्मल लहर उद्यान" था जो चिंग राजवंश का शाही बागीचा था। जैसा काओ शियाचिन ने "लाल कक्ष का स्वप्न" में वर्णन किया है, शाही बागीचा "सूर्य व चांद की रोशनी में इतना सुन्दर है कि उसका शब्दों में वर्णन नहीं किया जा सकता।" लॉन्जिविटी हिल व कुन्मिंग झील को केन्द्र में रखते हुए, ग्रीष्म महल की रचना मशहूर वेस्ट झील को ध्यान में रख कर की गयी और उसके निर्माण में दक्षिण चीन के उद्यानों की उत्कृष्ट शास्त्रीय तकनीकों का प्रयोग किया गया। ग्रीष्म महल में राजमाता सिसी के निवास, हर्षित दीर्घायु (जॉयफुल लॉन्जिविटी) हॉल के सामने मैगनोलिया के पेड़ वसंत में पूरी तरह खिले हुए होते हैं, जो "कन्फ्यूशियस के संकलन" (*एनालेक्ट्स ऑफ कन्फ्यूशियस*) से उद्धरित शिलापट पर दर्ज शब्दों को चरितार्थ करते हैं जिनका अनुवाद है कि, "भद्रजन पर्वतों का आनंद लेते हैं"। बस, एक ही बड़ी कमी है कि मैगनोलिया के फूल बहुत रहते नहीं – ठीक जैसे क्षणिक यौवन।

हहल अहफ जहयफुल लहन्नविटी के सामने कांस्य हिरण, कांस्य क्रेन और कांस्य फूलदान "विश्व की सार्वभौमिक शांति" का प्रतीक है।

आंगन में मैगनोलिया, बेगोनिया और पेओनी जैसे पौधे उग रहे हैं जो "धन और गरिमा" का प्रतीक हैं।

हहल की छत के नीचे सुनहरे अक्षरों वाली एक काली क्षैतिज पट्टिका लटकी हुई है जिस पर लिखा है "ले शह तांग" (जिसका अर्थ है "जहयफुल लहन्नविटी का हहल"), जो किंग राजवंश के सम्राट गुआंगक्सू द्वारा लिखे गए थे।

जहयफुल लहन्नविटी का हहल किंग राजवंश के दौरान महारानी डोवेगर सिक्सी के आवास के रूप में कार्य करता था।

03

1 नेशनल स्टेडियम साउथ रोड, चाओयांग जिला

पक्षी नीड़ के पास पतंग उड़ाएं

बीजिंग राष्ट्रीय क्रीड़ांगन एक घोंसले या पालने से मिलता-जुलता है जो भविष्य के लिए उम्मीदों को संजोता है, जिससे प्रेरित होकर उसे "पक्षी नीड़" का उपनाम दिया गया। यह क्रीड़ांगन 2008 में आयोजित बीजिंग ओलंपिक का मुख्य स्थल था। इसमें 91,000 लोगों के बैठने की व्यवस्था है। 2008 बीजिंग ओलंपिक के बाद, जाने-माने भवनों तथा बीजिंग ओलंपिक की वसीयत की छाया में, यह जनता द्वारा व्यायाम तथा खेल व मनोरंजन कार्यक्रमों का आनंद लेने के लिए खोल दिया गया। वसंत ऋतु में, फूलों की महक के बीच पतंग उड़ाने के लिए पक्षी नीड़ के करीब एक उद्यान, ओलंपिक ग्रीन एक आदर्श स्थान है।

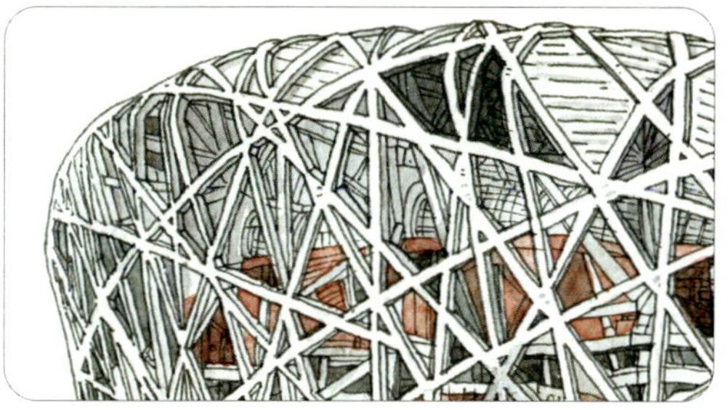

स्टेडियम की जालीदार संरचना पेड़ की टहनियों से बुने हुए पक्षी के घोंसले की तरह दिखाई देती है, जो एक गतिशील और भविष्य के माहौल का निर्माण करती है।

बीजिंग में एक प्रसिद्ध स्थल के रूप में, बड्र्स नेस्ट में चीन और उसके बाहर से अनगिनत पर्यटक आते हैं।

04

6 चेगोंगजुआंग स्ट्रीट, ज़िचेंग जिला

इतालवी पादरी माटेओ रिक्की की समाधी में चहचहाती सिसकियों को सुनें

आधुनिक यातायात के दौर से पहले के समय में आम धारणा थी, जैसा “पूरब व पश्चिम का गाथागीत” (*द बालेड ऑफ ईस्ट एण्ड वेस्ट*) में रूडयार्ड किपलिंग ने विलाप किया “पूर्व, पूर्व है व पश्चिम, पश्चिम और कभी न मिलेंगे नदी के छोर”। मगर करीब 400 साल पहले, इतालवी पादरी माटेओ रिक्की, ग्रह का आधा चक्कर लगा कर बीजिंग पहुंचे। उन्होने महा-सार्वलौकिक भौगोलिक मानचित्र तैयार किया व चीन का खगोलशास्त्र, गणित, भूगोल व अन्य अकादमिक विषयों पर पश्चिमी ज्ञान से परिचय कराया तथा पूरब व पश्चिम सभ्यताओं में परस्पर निकटता बनायी। मिंग राजवंश के अनुष्ठानों के अनुसार, चीन में विदेशी धर्म-प्रचारकों की मृत्यु हुई वे मकाओ में दफनाया जाता था। लेकिन रिक्की के अंतर-सांस्कृतिक आदान-प्रदान में अद्‌भुत योगदान के सम्मान में, सम्राट वानली ने उन्हें पिंग्चे फाटक के बाहर (वर्तमान में छेगोंग्गुआंग मार्ग, शीचेंग जिला) अर्लिगुओ के कब्रिस्तान तेंगकोंग झालन में दफनाने की इज़ाजत दी। गर्मियों के तपते दिनों में, पेड़ों की घनी छांव के ढकी समाधि और पेड़ों पर से चिड़ियों की चहचहाहट, एक परिकथा सा माहौल पैदा करती है।

05

पूर्व से तियानमेन रोस्ट्रम, डोंगचेंग जिला

शाही पैतृक मन्दिर में सरू की टहनियों के बीच से छिटकती धूप का आनंद लें

बीजिंग, युआन राजवंश के दौरान लगाए गए शलभ के पेड़, मिंग राजवंश के समय के सरू वृक्ष व चिंग राजवंश के समय लगाए चीड़ वृक्षों के जाना जाता है। एक पुरानी कहावत है, "एक छोटा सन्यासी एकांतवास में रहता है, एक असली तपस्वी भीड़भाड़ वाले इलाके में और एक महा तपस्वी राजसभा में।" लेकिन तीनों की प्रकार के तपस्वी अनुभव को एक साथ लेने के लिए पृथ्वी पर संभवतः एकमात्र जगह है मिंग राजवंश के दौरान शाही पैतृक मन्दिर में लगाए गए राजकुमारों के सरू की छाया में स्थित बैंच। यह हलचल भरे शहर के हृदयस्थल, तियानानमेन स्क्वेयर के निकट, गोल्डन वॉटर ब्रिज्स से 50 मीटर से भी कम दूरी पर है जो हर समय दुनिया भर से आए पर्यटकों से भरा रहता है। लाल दीवार वाले प्रतिबंधित शहर (*फॉरबिडन सिटी*) सर्वाधिक शांत कोनों में से एक में, मध्यान्ह की जला देनी वाली गर्मी में भी प्राचीन सुरू वृक्ष एक ताज़गी भरी महक प्रदान करते हैं। टहनियों व पत्तियों के बीच से धूप की किरणें छन कर आती हैं। आप कभी भी क्यों न आएं, वे पेड़ निर्निमेश खड़े रहते हैं। वे आलीशान दरबानों की तरह, अतीत को खुलते प्रवेश द्वार की चुपचाप चौकसी करते लगते हैं।

06

30 शुआंगकिंग रोड, हेडियन जिला

सिंघुआ विश्वविद्यालय में चांदनी रात में कमल के तालाब का आनंद लें

जब मैं बच्चा था, तब भी चीनी शोधार्थी जू जीचिंग के प्रसिद्ध निबंध *कमल के तालाब पर चांदनी (मूनलाइट ओवर द लोटस पॉण्ड)* में कमल की पत्तियों का विवरण "नृत्यांगना की हरी स्कर्ट" पढ़ कर प्रभावित हुआ था। उसके बहुत साल बाद, जब मैं जिंदगी की गहरी समझ रखने लगा था, कृति की शुरुआती पंक्ति "मैं इन दिनों बेचैन रहता हूं", मुझे विषाद से भरने लगते थे। आज के सिंघुआ विश्वविद्यालय में जिनचुन उद्यान एक समय चिंग राजवंश के सम्राट शियानफेंग का निवास हुआ करता था। जब अंग्रेज-फ्रांसीसी मित्र सेना ने युआनमिंगयुआन को जला कर राख कर डाला था तो उद्यान भी खात्म व उजाड़ हो गया। झू के *कमल के तालाब पर चांदनी* की याद में वहां उसके नाम पर एक मंडप बनाया गया। "वहां बैठ कर जैसा चाहो कुछ भी विचार या कुछ भी नहीं, किया जा सकता है।" दशकों बाद वर्तमान सिंघुआ विश्वविद्यालय में, जू द्वारा वर्णित चांदनी आज भी विद्यमान है।

07

19 ताइपिंग स्ट्रीट, ज़िचेंग जिला

ताओरांतिंग के मंडप में बारिश के स्वर सुनें

प्राचीन चीनियों में खूबसूरत नाम रखने का हुनर था। आज, अधिकांश लोगों के लिए, ताओरांतिंग (शब्दार्थ, "आरामगाह"), बीजिंग में मात्र एक जगह है। बीजिंग दक्षिण रेल स्टेशन के बगल में, वह रोज अनगिनत यात्रियों का साक्षी होता है जिनमें कम ही होते हैं जो वहां आराम के लिए कुछ रुकते हैं। सन् 1695, चिंग राजवंश के सम्राट कांग शी के शासन के चौतीसवें वर्ष में, निर्माण मंत्रालय में सचिव जियांग जाओ को स्याह मिट्टी के बर्तन बनाने की भट्ठियों के संचालन का जिम्मा सौंपा गया। उन्होने आज के ताओरांतिंग, जो नाम तांग राजवंश के प्रसिद्ध कवि बाई जूई कि एक कविता से लिया गया, उसके पूर्ववर्ती सिबी जनाना मठ के पश्चिम में एक छोटे मंडप का निर्माण कराया। प्राचीन काल में मंडपों का निर्माण यात्रियों के आराम करने के लिए बनाया जाता था। ताओरांतिंग में, बारिश के दिन खासकर बहुत माकूल होते हैं, शाम को बारिश के बूंदो के स्वर का आनंद लेने के लिए।

उत्कृष्ट नक्काशीदार सजावटी पैटर्न और खिड़कियाँ।

फेंगयुटोंगझोउ (शाब्दिक रूप से "हवा और बारिश में एक ही नाव साझा करना") मंडप की छत के आठ उलटे कोनों पर विशिष्ट पौराणिक जानवर।

फेंगयुटोंगझोउ मंडप की पट्टिका।

एक पर्यटक एक बेंच पर आराम कर रहा है।

风雨同舟亭

08

241 जुशिको वेस्ट स्ट्रीट, ज़िचेंग जिला

जूशिको में जी शियाओलान की "यूवेई छप्पर कुटीर" में गर्मियों की झपकी लें

चिंग राजवंश के एक वरिष्ठ अधिकारी व प्रसिद्ध शोधार्थी ची यन (जिन्हें शियाओलान के नाम से भी जाना जाता है) का पूर्व निवास बीजिंग में जूशिको वेस्ट स्ट्रीट पर स्थित है। वह मूलतः यू फे के 21वीं पीढ़ी उत्तराधिकारी तथा सम्राट योंगजेंग के शासनकाल में शनगन के राज्यपाल व युद्ध मंत्री का निवास हुआ करता था। यह कुटीर, पूर्व चिंग शैली में ठेठ सिहेयुआन (चतुर्भुज अहाता) में बना था जिसके खासीयत होती थी एक खुला शामियाना, मत्स्य टंकी व अनार के पेड़ और निवासी एक शोधार्थी, एक औरत व एक बड़ा कुत्ता"। ची यन वहां 62 साल रहे जिस दौरान उन्होने *यूवे छप्पर कुटीर टिप्पणियां* संकलन तैयार किया।

भवन-समूह में एक ईंट-लकड़ी का ढांचा व दो आंगन हैं। मुख्य द्वार सड़क की ओर खुलता है जिसके ऊपर शुभांकर का प्रतीक, छप्पर का एक सुसज्जित पाटन है। माना जाता है कि सामने के अहाते में निर्मित चीनी विस्टेरिया फूल व पीछे के अहाते में अनार के पेड़ स्वयं जी युन ने लगाए थे। गोधूलि में शांत अहाते को निहारते हुए हो सकता है आप महसूस करें, "इस अनंत संसार में, जीवन मिट्टी के एक नगण्य कण सा है।"

लाल फ्रेम और हरी स्क्रीन वाली खिड़कियों वाला यह घर गर्मियों में झपकी लेने के लिए एक आदर्श स्थान है।

ऐसा कहा जाता है कि सामने के आंगन में चीनी विस्टेरिया निवास के मूल मालिक जी यून द्वारा व्यक्तिगत रूप से लगाए गए थे।

"जी जियाओलान का पूर्व निवास" की पट्टिका।

आवास को बीजिंग के नगरपालिका संरक्षण के तहत एक ऐतिहासिक स्थल के रूप में उद्धृत किया गया है।

09

सोंगलियांग रोड का दक्षिण खंड, टोंगझोउ जिला

टोंगजोउ नहर वन उद्यान में प्राकृतिक ऑक्सीजन बार का अनुभव करें

थांगजाओ में कई पीढ़ियों से चली आ रही एक कहावत है, "एक पगोडा दिखते ही हम समझ सकते हैं कि टोंगजोउ है।" जिस पगोडा का जिक्र किया जा रहा है, वह है दीपांकर पगोडा जो टोंगजोउ जिला में लियाओ राजवंश (916-1125) के दौरान बनाया गया था। बीजिंग-हांगजो बड़ी नहर का पानी शताब्दियों से पगोडा को छूते हुए बहता आया है। टोंगजोउ का "बीजिंग के उप-केन्द्र" के तौर पर विकास के साथ-साथ बड़ी नहर के बगल में एक वन उद्यान बनाया गया था। यह उद्यान बीजिंग में एकमात्र नहर-आधारित प्राकृतिक ऑक्सीजन बार बन गया है। वसंत व गर्मियों में, जब प्रवासी पक्षी लौटते हैं और फूल-पौधे पनपते है, आप नहर वन उद्यान में साईकिल चला कर ताजी हवा का लुत्फ उठा सकते हो। प्राकृतिक परिदृश्य के अलावा, उद्यान में बीजिंग के सषक्त सांस्कृतिक रसास्वाद की सुविधाएं भी उपलब्ध रहती हैं। नदी किनारे मनोरंजन, कैम्पिंग, सांस्कृतिक गतिविधियां . . . आपको जो पसन्द हो, आप यहां ढूंढ सकते हैं।

大運河森林公園
GRAND CANAL FOREST PARK

10

डोंगचेंग जिले के माओर हुटोंग प्राइमरी स्कूल से लगभग 100 मीटर दक्षिण पश्चिम में

"हुटोंग नहर" किनारे रात की शीतल बयार का आनंद लें

बीजिंग की भूतल 8 न. लाइन पर शिचाहाई स्टेशन से गुजर रहा हर यात्री शाम की भीड़ के समय जल्दी में रहता है। स्टेशन छोड़ते हुए अगर आप अपना यात्रा कार्ड मशीन से निकालते हुए एक क्षण के लिए भी झिझकते हो तो पीछे खड़े यात्रियों की आह सुन सकते हो। लेकिऩ वहां से दक्षिण की ओर मात्र तीन सौ गज पर ही पुराने हूटोंग में पूरी हबड़-दबड, एक दम जैसे विलुप्त हो कर शांति के एक व्यापक फैलाव में तब्दील हो जाती है। हूटोंग के बीच से यूवे (जेड) नदी गुजरती है जो हजारों मील लंबी बीजिंग-हांगझो बड़ी नहर का अन्तिम छोर हुआ करता था। इस कारण, बीजिंग निवासी नदी को "हूटोंग नहर" कहते थे। नदी का आधिकारिक नाम कैसे पड़ा? ऐतिहासिक दस्तावेजों के अनुसार, बडी नहर के भाग के तौर पर, युआन राजवंश के दौरान, तथाकथित जेड नदी खोदी यातायात के लिए से गयी थी। मिंग राजवंश के दौरान, इस नदी को विस्तारित शाही शहर में सम्मिलित की गयी और उसका पुनः नामकरण "शाही नदी" (चीनी में उच्चारित, यूहे) किया गया था। बाद में, उसे एक बार फिर जेड नदी के नाम से जाया जाने लगा। एक समय उत्तर व दक्षिण चीन को जोड़ती मुख्य जल यातायात धमनी होती थी और देश की सम्पन्नता को पोषित करती, बड़ी नहर से एक उपधारा हूटोंग में बहती थी जहां व स्थानीय निवासियों के जीवन का हिस्सा बन गई। गर्मियों की रातों में, सिकाडा के शोरयुक्त स्वर-गुंजन के बीच, जेड नदी पर शीतल बयार, तपती गर्मी से राहत पहुंचाती है।

अध्याय 2

शरद व शिशिर

01

3 बडाचु रोड, शिजिंगशान जिला

बडाचू में झरती पत्तियों में से एक स्मारिका पत्ती घर ले जाएं

"शरद में बीजिंग स्वर्ग से भी अधिक संपन्न होता है" प्रसिद्ध लेखक लाओ ची ने कभी कहा था। मशहूर लेखक यू दाफू ने "प्राचीन राजधानी का पतझड़" (*द ऑटम ऑफ एन्शेंट केपिटल*) में लिखा, "खासकर उत्तरी चीन में शरद के दौरान का पतझड़ काल को लंबा खींचने के लिए, सोचता हूं मैं अपनी दो-तिहाई जिंदगी तक का सौदा कर सकता हूं।" जब तक मैं बडाचू नहीं गया था, मैं सोचता था कि लाओ ची व यू दाफू, दोनों बीजिंग के शरद ऋतु के सौन्दर्य की कुछ ज्यादा ही बढ़-चढ़ कर व्याख्या कर रहे हैं। सशब्द "आठ महान स्थल", बडाचू का नाम, बीजिंग के पश्चिम पहाड़ी पर स्थित आठ प्राचीन मन्दिरों के आधार पर पड़ा, जो स्वेई राजवंश (581-618) के थे और चिंग राजवंश तक बचे रहे। "तीन पहाड़ियां भव्य भवनों की तरह हैं और आठ मन्दिर उनमें एकत्रित बहुमूल्य पुरातन वस्तुएं।" अपने खूबसूरत परिदृश्य व तरजीही स्थान की वजह से चिंग राजवंश के सम्राट कांग शी व चियानलांग के शासन के दौरान बडाचू में अस्थाई राजमहल भी बना। आगंतुकों को बीजिंग के क्षणिक शरद के स्मृति-चिह्न के तौर पर बडाचू से एक झड़ी पत्ती उठा कर घर ले जाने की इजाजत रहती है।

मंडप में हल्की हवा का आनंद ले रहे हैं।

डूबते सूरज के नीचे एक स्तूप।

हरा-भरा सरू शरद ऋतु की ठंडक लाता है।

एक पैदल यात्री पुल के किनारे अकेला चल रहा है।

八大处公园

02

2 फुचेंग रोड, हेडियन जिला

दियाओयूताई राज्य अतिथिगृह के बाहर बिछी जिंको की झड़ी पत्तियों के बीच विचरण करें

लंबे समय तक शरद ऋतु को एकाकीपन व मायूसी का मौसम माना जाता रहा। प्राचीन काल में, शूआनवु द्वार के बाहर कैशिको में मृत्यु दण्ड शरद के आखिरी दिनों में ही दिए जाते थे। इस कारण, संवेदनशील व भावुक लेखक ही शरद को पसन्द किया करते थे। दियाओयूताई राज्य अतिथिगृह के बाहर, जिंको की पंखे के आकार की पत्तियों का स्वर्णिम होना शरद के आगमन का सूचक होता है। शुरू में, चिन राजवंश के सम्राट चैंगजौंग (1168-1208) दियाओयूताई (शब्दार्थ, मछली पकड़ने का छज्जा) मछली पकड़ने जाते थे। वर्तमान में दियाओयूताई, राज्य के नेताओं द्वारा प्रशासनिक मुद्दों से संबंधित काम व राजनयिक आयोजनों की मेजबानी के लिए एक प्रमुख स्थान बन गया है। दियाओयूताई राज्य अतिथिगृह की पूर्वी दीवार के बाहर जिंको मार्ग जनता के लिए खुला है। शरद के आखिरी दिनों में, जमीन पर बिछी जिंको की पत्तियों पर से गुजरना प्राथमिक स्कूल के गाथागीत की याद दिलाता है – "इस लंबे राह पर क्या हम हाथ थामें चलें जब तक क्षितिज तक न पहुंच जाएं।"

डियाओयुताई स्टेट गेस्टहाउस की पट्टिका।

कांच की खिड़कियाँ सूर्य के प्रकाश को प्रवेश करने की अनुमति देती हैं, जो मानसिक साधना के लिए एक आदर्श स्थान प्रदान करती हैं।

एक बच्चा गिरे हुए पत्तों से ढके रास्ते पर चल रहा है।

गिंको के पेड़ देर से शरद ऋतु में पीले हो जाते हैं।

03

9 दाज्यू टेम्पल रोड, हेडियन जिला

दाजू मन्दिर में हजार साल पुराने जिंको पेड़ नीचे एकांत में बैठिए

प्रसिद्ध ताईवानी कवि व लेखक जियांग कुन ने घोषणा की कि उनकी मां चाहती थी कि चीओंगसाम का रंग, शरद की खुशबू के मानिन्द किया जाए। शरद की खुशबू का रंग क्या होता है? शायद हरे से पीले में बदलता हुआ, जैसे दवे मन्दिर में प्राचीन जिंको पेड़ की पत्तियों में परिवर्तन होता है। यह मन्दिर सबसे पहले लियाओ राजवंश द्वारा 1000 से भी ज्यादा साल से पहले बनाया गया था। मन्दिर में लियाओ राजवंश के समय में लगे मात्र स्टील व जिंको पेड़ बचे हैं। जिंको पेड़ अमितायुस बुद्ध सभा-भवन के सामने हैं। चिंग राजवंश के सम्राट चियानलांग ने इन पेड़ों की प्रसंषा में एक कविता लिखी थी, "यह प्राचीन वृक्ष इतना विशाल है कि कुछ लोग आपस में हाथ थामे भी उसका आलिंगन नहीं कर सकेंगे। उसकी प्रचुर पत्तियां व घनी टहनियां एक व्यापक छाया प्रदान करती हैं। शताब्दियों से मौसम के थपेड़े झेलते हुए भी वह आज भी उसी जगह पर खड़ा हैं जहां पर वह मन्दिर के बनने पर लगाया गया था।" बचपन में मैं दोस्तों के साथ साईकिल पर दवे मन्दिर गया था। वहां मन्दिर में सामने मैं, जिंको का फल बेचनेवाले से मिला और मैंने अन्दिर के तीन फेरे लिए। आज, बचपन में उस यात्रा के आधे से ज्यादा दोस्त हवा में जिंको की पत्तियों की तरह आगे बह चले हैं।

दाज्यू मंदिर एक लंबा इतिहास वाला बौद्ध अभयारण्य है।

मंदिर में एक प्राचीन गिंग्को पेड़।

एक स्क्रीन दीवार पर चीनी अक्षरों में “अच्छी फसल, शांति और अच्छे भाग्य” के लिए प्रार्थना की गई है।

लियाओ राजवंश का प्राचीन मंदिर शरद ऋतु में विशेष रूप से सुंदर होता है।

04

4 जिंगशान फ्रंट स्ट्रीट, डोंगचेंग जिला

प्रतिबंधित शहर में बर्फबारी देखें

"जाड़ों में दिन के जल्दी ढलने को लेकर कुछ लोग शोकाकुल रहते हैं, मगर मुझे तो उनकी लंबी रातें प्रिय हैं", यह चिंग राजवंश के सम्राट चियानलांग ने कविता में कुछ ऐसा व्यक्त किया। मेरा मानना है कि प्रतिबंधित शहर में बर्फ पड़ने की वजह से ही सम्राट चियानलांग को जाड़ों की रातें प्रिय थीं। अगर आपको प्रतिबंधित शहर जाने के लिए किसी एक मौसम को चुनना हो, तो जाड़ा ही वह मौसम हो सकता है। बर्फ पड़ने के बाद शाही महल की आपकी यादें आपके साथ सदा ही रहेंगी। जाड़ों के दिनों प्रतिबंधित शहर में कम ही पर्यटक आते हैं, सो उन दिनों वहां भीड़ कम रहती है। लाल द्वार से भीतर से कदम रखते ही सफेद बर्फ में लिपटे शाही महल की लाल दीवारें व पीली खपरैल की छतें तुरंत ही आपका ध्यान आकर्षित करेंगी। बर्फ पड़ने के दिन महल की चुप्पी के बीच घूमते हुए आप जमीन पर पड़ती बर्फ को सुन सकोगे। दिन के समय, शताब्दियों के पड़े निशानों पर दीवारों की लाली व छतों का पीला पन पिघलती बर्फ में चमक उठेगा और प्रतिबंधित शहर को एक शान्ति प्रदान करेगा। पर्यटकों की भीड़ के शोर-शराबे से मुक्त, शाही महल असामान्य रूप से निस्तब्ध व गरिमापूर्ण हो जाता है।

नक्काशीदार पत्थर के कटघरों और फीके लाल स्तंभों वाला एक मंडप।

पूर्व संध्या पर रहस्यमय जानवर।

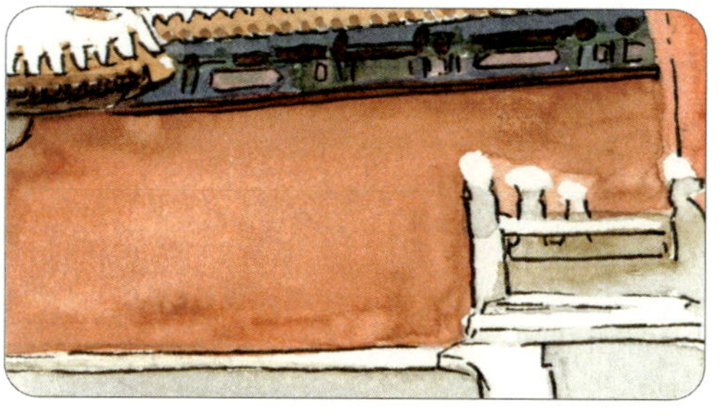

प्राचीन कटघराएँ।

सफेद बर्फ से ढकी चमकदार छतें।

05

33 ज़िशिकु स्ट्रीट, ज़िचेंग जिला

गिरजाघर के चायखाने में गर्म दूध वाली चाय की चुस्की लें

तीन सौ साल से अधिक समय हुए दो कैथोलिक पादरियों – जियां डी फॉन्तनी व क्लॉड डी विस्डलू ने चिंग राजवंश के सम्राट कांग शी को किसी बीमारी से राहत दी थी। उपहार स्वरूप, सम्राट ने उन्हें शाही महल के शियान द्वार के अन्दर कान्चिको के निकट गिरजाघर बनाने के लिए जमीन दान में दी। उसका नाम "मुक्तिदाता का गिरजाघर" पड़ा, और वह आज के शीशिकू गिरजाघर, जिसे उत्तर गिरजाघर के नाम से भी जाना जाता है, का पूर्ववर्ती था। शिसी भूमिगत स्टेशन से, जो यात्री पहली बार आ रहे हैं, वे बीजिंग में पुराने गिरजाघर तक पहुंचने के लिए स्थानीय लोगों से रास्ता पूछ सकते हैं। बजे गिरजाघर की पहली मंजिल पर चाय की दुकान का लकड़ी का पुराना दरवाजा खोलते ही लगेगा कि आप किसी अतीत में प्रवेश कर गए हैं – एक पांव वर्तमान आधुनिक समय में तो दूसरा, एक शताब्दी पूर्व में खींचा गया। कमरे की मद्धिम रोशनी में लकड़ी के पुराने कुर्सी-मेज़ दिखेंगे जो एक प्राचीन काव्य की याद दिलाएगा – "प्राचीन के लोग आधुनिक दुनिया के नज़ारे नहीं देख सके, लेकिन वहीं चांद उन पर रोशन होता था।" एक शताब्दी के थपेड़े सहने के बाद भी बचा यह पुराना भवन, नौजवानों में खासा लोकप्रिय है।

गहथिक स्पीयर्स टहवर आकाश की ओर।

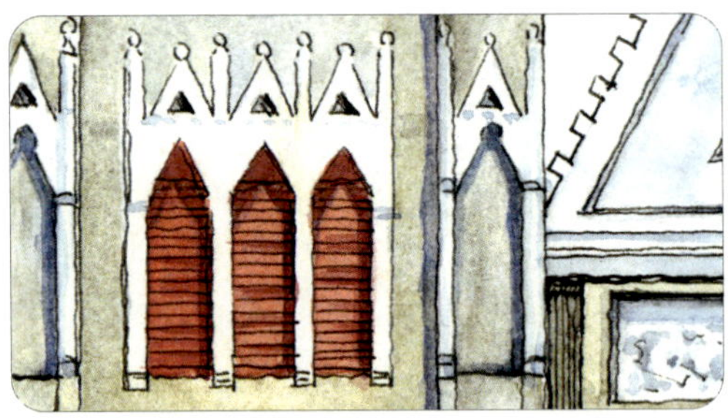

बंद सजावटी खिड़कियाँ।

एक धूमिल पत्थर की मूर्ति।

यूरोपीय शैली के पैटर्न इमारत में एक आकर्षक माहौल जोड़ते हैं।

06

49 डायनमेन वेस्ट स्ट्रीट, ज़िचेंग जिला

अपने परिवार के साथ शिचाहाई झील पर स्केट करें

बीजिंग में कई स्थल ऐसे हैं जिनके नाम में "हाई" आता है जैसेकि जोंगननहाई, होहाई, शिचाहाई। हाई का शब्दार्थ है "समुद्र'। मंगोलियाई भाषा में इस शब्द के मायने हैं "बड़ी झील'। जब मैं छोटा था तो बड़े-बुजुर्गों को कहते सुनता था कि "शिचाहाई की उत्पत्ति बीजिंग से भी पहले हुई।" वास्तव में, शिचाहाई तथा दक्षिण की ओर बीहाई व जोंगननहाई एक कारण थे कि युआन राजवंश ने क्यों बीजिंग को अपनी राजधानी के लिए चुना। शिचाहाई का अक्षरशः मायना है "दस मन्दिर झील", जो झील के चारों ओर मूलतः दस बौद्ध मन्दिरों पर पड़ा। गर्मियों में, झील की शांत सतह पर विलो वृक्षों व कमल के खिले फूलों के प्रतिबिम्ब झलकते हैं। जाड़ों में, झील एक नैसर्गिक स्केटिंग रिंक में तब्दील हो जाता है। एक स्थानीय गीत-काव्य के शब्दों में, "आज मैं अपने पिता के साथ, बाहर खेलने जाता हूं।" मैं खुद शिचाहाई झील में स्केटिंग करने से जुड़े अपने बचपन की यादों को सहेजे हूं। मैं बर्फ पर जब गिरने को होता था तो मेरे पिता अपने गर्म, मजबूत हाथों से मुझे थाम लेते थे।

07

28 किंगहुआ वेस्ट रोड, हेडियन जिला

युआनमिंगयुआन पार्क की एकाकीपन में गिरती बर्फ के स्वर सुनें

युआनमिंगयुआन, जो पुराना ग्रीष्म महल के नाम से भी जाना जाता है, चिंग दरबार द्वारा नौसेना के विकास के लिए निर्धारित धनराशि से बनाया गया था। शाही उद्यान का निर्माण सम्राट कांग शी के शासन के पहले साल में शुरू हुआ और यह उद्यान दौ सौ से भी अधिक सालों तक रहा। दुर्भाग्यवश, यह उद्यान 1860 में एंग्लो-फ्रांसीसी सहयोगी सेना द्वारा जला कर राख कर दिया गया। उद्यान का कुल निर्मित क्षेत्रफल करीब दो लाख वर्ग मीटर था और उसमें 150 मनोरंजन के स्थल थे, जिस कारण उसे "उद्यानों का राजा" उपनाम दिया गया था। मेरी उम्र के बिजिंग निवासियों की स्मृति में युआनमिंगयुआन खण्डहरों की छाप अमिट है क्योंकि हमारे

स्कूली जीवन के दौरान, प्रत्येक छात्र का गर्मियों में देशभक्ती शिक्षण अभियान के तहत वहां जाने का नियम होता था। झुलसाती गर्मी में, स्कूली टोपी से खुद को धूप से बचाते बच्चे इधर-उधर विचरते और कम ही थे जो उन खण्डहरों के मायने समझ पाते। जब मैं बड़ा हुआ तो समझ में आया कि युआनमिंगयुआन जाड़ों में, खासकर बर्फ पड़ जाने के बाद, जाना बेहतर होगा। सफेद बर्फ की विशाल चादर से ढके खण्डहरों को देख एहसास होता कि धन व यश अंततः क्षणिक होते हैं। बर्फ से ढकी उस जगह को निहारते हुए आपके सब दुख-दर्द विलुप्त हो सकते हैं। इस तरह की स्वच्छ जगह को अपने दिल में संजो कर रखें जिससे कि आप अपने एकाकीपन को शांति से निभा सकेंगे।

दशूइफ़ा का स्थान, जो पहले एक विशाल फव्वारा था, अभी भी उत्कृष्ट नक्काशी के अवशेष संरक्षित करता है।

दशुइफ़ा स्थल का मुख्य भाग एक आला-जैसा पत्थर का स्मारक तोरणद्वार है।

बर्फ के नीचे दाशुइफ़ा स्थल का मलबा आगंतुकों को उस त्रासदी की याद दिलाता है जो उसे झेलनी पड़ी थी।

सदियों की मार झेलने के बावजूद, टूटे हुए स्तंभ की सजावटी नक्काशी उत्कृष्ट बनी हुई है।

08

शौगांग इंडस्ट्रियल पार्क, फुशी रोड, शिजिंगशान जिला

शौगांग शीतकालीन ओलम्पिक चौक में शीतकालीन दृश्यों का आनंद लें

जाड़ों में, उत्तरी चीन का व्यापक इलाका, बर्फ की दुनिया में तब्दील हो जाता है। जब 2022 के शीतकालीन ओलम्पिक का आयोजन हुआ तो बीजिंग दोनों, ग्रीष्मकालीन व शीतकालीन ओलम्पिक खेलों की मेजबानी करने वाला दुनिया का पहला शहर बना। पिछली पीढ़ी के बीजिंग निवासियों की स्मृति में, लौह व स्टील के व्यापार से जुड़ी चीन में अग्रणी कंपनी शौगांग ने बीजिंग के औद्योगिक इतिहास में महान अध्याय लिखा है। शौगांग के शताब्दी पुराने इतिहास में, उसकी न. 3 भट्ठी ने कई "प्रथम" कीर्तिमान स्थापित किए और 200 से अधिक पेटेण्टों की गवाह बनी। अब, शौगांग की सभी भट्ठियां बुझ चुकी हैं और किसी समय का "स्टील औद्योगिक भवन समूह शीतकालीन ओलम्पिक चौक समेत एक उद्यान में तब्दील हो चुका है। उद्यान में 78 मीटर ऊंचे कांच फलक पथ से नीचे देखें, तो शौगांग स्की कूद मंच, ओलम्पिक हिम संसार, नवीन शौगांग पुल, योंगडिंग नदी और यहां तक कि पूरा शीजिंगशान जिला ही नजर आता है।

09

जोंग्गुआनकुन स्ट्रीट, हेडियन जिला

जोंग्गुआनकुन विज्ञान पार्क में चीन के प्रमुख विश्वविद्यालय पर एक नज़र डाले

"चीन की सिलिकॉन घाटी में 10 साल काम करते-करते श्री वाँग कि सिर के बाल उड़ गए, लेकिन उनकी उच्च तनख्वाह से जोंग्गुआनकुन में वे दो विद्यालयी जिला घर खरीद पाए।" यह बात किसी समय जोंग्गुआनकुन विज्ञान पार्क के कर्मचारियों के बीच खूब लोकप्रिय थी। 1949 में चीनी जनवादी गणराज्य की स्थापना से पहले, जोंग्गुआनकुन 'जोंग्गुआनतुन' कहलाता था। जोंग्गुआनकुन, दरअसल, "हिजड़ों" का एक वैकल्पिक नाम है। यह नाम इसलिए पड़ा क्योंकि किसी समय यहां कई अवकाशप्राप्त हिजड़े रहा करते थे। 1949 के बाद, चीन के सर्वाधिक प्रतिष्ठित विश्वविद्यालय व अनुसंधान संस्थान यहां बसे जिससे जोंग्गुआनकुन विज्ञान व प्रोद्योगिकी का पालना बन गया। जोंग्गुआनकुन में चीन अणु ऊर्जा संस्थान ने तो "दो बम व एक उपग्रह" योग्यता पुरस्कार के सात विजेता तथा चीनी विज्ञान अकादमी व चीनी अभियांत्रिकी अकादमी के दर्जनों शिक्षाविद पैदा किए। प्रोग्राम 985 के तहत सर्वश्रेष्ठ 30 चीनी विश्वविद्यालयों में से सर्वोच्च पांच, जैसे सिंघुआ विश्वविद्यालय, पीकिंग विश्वविद्यालय, चीनी रेन्मिन विश्वविद्यालय, बीजिंग प्रौद्योगिकी संस्थान तथा चीनी मिन्जू विश्वविद्यालय यहीं स्थित हैं। छात्रों ने मनोरंजन के तौर पर विश्वविद्यालयों को उपनाम दिए हैं। उदाहरण के लिए सिंघुआ विश्वविद्यालय जो अभियांत्रिकी विषयों के लिए चीन का सर्वोच्च विश्वविद्यालय माना जाता है, उसे वूडाओको व्यावसायिक तकनीकी विद्यालय का उपनाम दिया गया है। यहां आने के लिए शरद ऋतु संभवतः सबसे बढ़िया समय रहता है: विद्यार्थीगण उन सभी प्रतिष्ठित विश्वविद्यालयों में उस समय के सत्र के उद्घाटन समारोह की खासी प्रशंसा करते हैं और दफ्तर कर्मचारी वहां उच्च-प्रोद्योगिकी कंपनियों में दी जा रही उच्च आय पर फूले नहीं समाते हैं, चाहे उसके एवज में उनके अपने बाल क्यों न उड़ गए हों।

झोंगगुआनकुनरू झोंगगुआनकुन में मूर्तिकला ष्डीएनएष।

झोंगगुआनकुन प्लाजा के बगल में गगनचुंबी इमारतें।

अध्याय 3

अभिवादन व प्रार्थनाएं

01

12 योंगहेगोंग स्ट्रीट, डोंगचेंग जिला

लामा मन्दिर में आकर पहली अगरबत्ती जलाएं

चन्द्र वर्ष के पहले दिन, लामा मन्दिर में अनेक तीर्थयात्री एकत्रित होते हैं और अगरबत्ती जला कर आशीर्वाद के लिए प्रार्थना करते हैं। जो सबसे पहले अगरबत्ती जलाता है, उससे बाकी सभी को ईर्ष्या होती है। पूर्व में यह मन्दिर राजकुमार योंगजेंग की हवेली हुआ करती थी। राजकुमार जब सम्राट हुआ तो मन्दिर का नाम बदल कर योंग्हेंगोग रखा गया। सम्राट चियानलांग का जन्म भी यहीं हुआ था। इस कारण हवेली को शाही महल की ही तरह पीली खपरैल की छत व लाल दीवारें करने की इज़ाज़त मिली। चिंग दरबार तिब्बती बौद्ध धर्म का पालन करता था। सम्राट

चियानलांग के शासन के नौंवे साल, 1744 में, योंग्हेंगोग को लामा मन्दिर में परिवर्तित किया गया और वह चिंग राजवंश के मध्य व अन्तिम काल में चीन में सबसे बड़ा बौद्ध मन्दिर बना। यह मन्दिर जहां दो-दो सम्राटों का जन्म हुआ, आज भी यहां तीर्थयात्रियों का आगमन सर्वाधिक रहता है। मठवासी, तिब्बती भाषा में धर्मग्रन्थ पढ़ते हैं और दुनिया भर से आए तीर्थयात्रियों को गाइड अंग्रेजी में मन्दिर के बारे में बताते हैं, और तीर्थयात्री बुद्ध के सामने नतमस्तक हो विभिन्न बोलियों में दुआ करते हैं।

मंदिर का भव्य हहल तीर्थयात्रियों से खचाखच भरा हुआ है।

पीले चमकीले कूल्हे और विशाल छत के शिखर पर पौराणिक जानवर।

मंदिर में शाक्यमुनि की एक स्वर्ण प्रतिमा स्थापित है।

लामा मंदिर कभी ताजपोशी राजकुमारों की हवेली हुआ करता था।

02

141 चाओवाई स्ट्रीट, चाओयांग जिला

डोंग्युए मन्दिर मेले में लोक संस्कृति का आनंद लें

बीजिंग के कई पारम्परिक लोक कलायें व शिल्प जैसे कागज कतरन, मिट्टी से मूर्तिकला, आटा से मूर्तिकला, घने बाल वाले बंदर, संगीत नाटकों में चेहरे का मेक-अप और पतंग, आज के युवाओं में पुनः लोकप्रिय होने लगे हैं। बीजिंग के सबसे आधुनिक इलाकों में से एक, चाओवाई मार्ग में माहौल अक्सर जीवंत रहता है। तीन किलोमीटर से भी कम दूर, राजदूतावास इलाका है और सानलीतुन व सोहो जैसे अन्य कई मशहूर फैशनपरस्त स्थल हैं। बीजिंग लोक रिवाज संग्रहालय अद्वितीय है क्योंकि वह डोंग्युए मन्दिर के प्रांगण में स्थित है। युआन राजवंश के दौरान निर्मित, यह 700 वर्ष पुराना मन्दिर अपने आप में एक प्राचीन सांस्कृतिक विरासत है। एक समय यह उत्तरी चीन में ताओवादी चैंगयी संप्रदाय का सबसे बड़ा तीर्थस्थान हुआ करता था। डोंग्युए मन्दिर मेला आज भी बीजिंग के पुरातन मन्दिर मेलों का मूल चरित्र संभाले हुए हैं। इस अवसर पर, आगन्तुक विविध लोक कला व शिल्प, ईंट पर नक्काशी, चीनी से बनायी चित्रकला, पक्षियों, कपड़े के खिलौने, लालटेन व रेशम की मूर्तियों के आकार के शब्द-चित्रों का आनंद ले सकते हैं। लोग, अमूर्त सांस्कृतिक विरासत के गुरुजनों द्वारा बच्चों को चीनी गांठे बनाना सिखाना देख सकते हैं। मेले में कई लोग अपने मूल इलाके की भाषा बोलते लोगों से मिलकर गृहातुर महसूस करने लगते हैं।

मुंडेर के नीचे एक विंड चाइम टंगी हुई थी।

इतिहास की नदी में खो गया एक पुराना हहल।

東嶽廟
北京民俗博物馆

03

17 कियानहाई वेस्ट स्ट्रीट, ज़िचेंग जिला

राजकुमार कोंग की हवेली में आशीर्वाद के लिए प्रार्थना करें

एक पुरानी कहावत हैः "प्रतिबंधित शहर में आगुंतक राजशाही का वैभव महसूस कर सकते हैं, महान दीवार पे आने वाले उसकी अभेद्यता को महसूस कर सकते हैं और राजकुमार कोंग की हवेली में आगुंतक एक बेहतर कामयाबी के लिए प्रार्थना करते हैं।" शिचाहाई झील के दक्षिण-पश्चिम किनारे पर स्थित यह हवेली एक समय सम्राट चियानचिंग के छोटे भाई ही शेन का निवास था। 1850 में, सम्राट शियानफेंग ने यह हवेली राजकुमार कोंग यी शिन को दी, अतः उसका यह नाम पड़ा। वर्तमान में, बीजिंग में यह सबसे बेहतर संरक्षित राजकमार की हवेली है। हवेली के बगीचे में एक पथरीली गुफा में एक शिला संरक्षित है जिसमें सम्राट कांग शी द्वारा लिखित शब्द-चित्र "फू" (शब्दार्थ, आशीर्वाद) अंकित है जिसका अर्थ निकालता है, "स्वर्ग तले पहला आशीर्वाद"। बहरहाल, हवेली में "फू" शब्द-चित्र होने के बावजूद, उसके भूतपुर्व निवासी वह पुरानी कहावत भूल गए कि, "चांद चढ़ता है सिर्फ घटने के लिए, और आशीर्वाद लहर की तरह उठते हैं, बह जाने के लिए"।

हरे रंग की चमकदार टाइलों से बनी छत की मुंडेर पर एक शानदार आभूषण।

चित्रित गर्डरों पर उत्कृष्ट नक्काशी।

खिड़की के पल्लों को सुंदर, उत्तम नक्काशी से सजाया गया है।

प्राचीन इमारत का गलियारा सूरज की रोशनी में विशेष रूप से गंभीर और राजसी दिखता है।

04

फ्रेग्रेंट हिल पार्क, 40 मैमाई स्ट्रीट, हेडियन जिला

बीयुन मन्दिर में अर्हत की प्रतिमाएं की गिनती करें

बीयुन मन्दिर अनोखा दिख सकता है क्योंकि उसकी वास्तुकला शैली चीनी से ज्यादा भारतीय है। शरद ऋतु में, नीले आकाश में छितरे सफेद बादलों के बीच, जब पीत जमीन खिलते फूलों से ढकी हो और जंगली बत्तख उत्तर से दक्षिण की ओर देशांतर कर रहे हों, भारतीय शैली वाला महाबौद्ध मन्दिर खासा शानदार नजर आता है। युआन राजवंश के शासन के दौरान बना यह मन्दिर, शताब्दियों के थपेड़ों के बाद भी अपना मूल रूप बनाए हुए है। मन्दिर में सर्वाधिक मंजिल वाला ढांचा अर्हत मंडप है जिसमें अर्हतों की 508 प्रतिमाएं रखी हुई हैं, जिनमें से एक चिंग राजवंश के सम्राट चियानलोंग के रूप में बनाया गया है। 1748 में सम्राट ने हांगजो में पश्चिम झील के किनारे स्थित जिंग्ची मन्दिर की तर्ज पर अर्हत मंडप का निर्माण करने का हुक्मनामा दिया। अर्हत प्रतिमाओं के स्थान सम्राट चियानलोंग ने खुद तय व व्यवस्थित किए और एक प्रतिमा तो अपने ही रूप में बनवाई जिससे कि भावी पीढ़ियों द्वारा वे सदा-सदा के लिए पूजे जाएं।

शिलालेख का अर्थ है "बोधि का प्रकाश विश्वासियों के दिलों पर चमकता है।"

एक भारतीय शैली का शिवालय जिसमें बौद्ध संरक्षकों की मूर्तियां हैं।

डूबते सूरज के नीचे पत्थर की मूर्तियाँ।

अर्हत की एक भव्य मूर्ति।

燈在菩提

05

11 हुआंगसी स्ट्रीट, ज़िचेंग ज़िला

पीतवर्ण मन्दिरों की परिक्रमा कर आशीर्वाद के लिए प्रार्थना करें

बीजिंग में एक पुरानी कहावत है, "पूर्व पीतवर्ण मन्दिर अपने मंडपों के लिए जाना जाता है और पश्चिम पीतवर्ण मन्दिर अपने पगोडा के लिए।" पूर्व पीतवर्ण मन्दिर, आम लोगों द्वारा बुद्ध की अर्चना करने के लिए बनाया गया था इसलिए उसके मंडपों से स्थानीय लोग वाकिफ हैं। पश्चिम पीतवर्ण मन्दिर तिब्बत के विशिष्ट भिक्षुओं के लिए निर्मित किया गया था और चिंग राजवंश काल के अंत तक ही जनता के लिए खोला नहीं गया था। पिछली शताब्दियों तक, आम जनता, दीवार के बाहर से उसके पगोडा को नहीं देख पाते थे। इन मन्दिरों को पीतवर्ण क्यों कहा जाता है? इसलिए कि तिब्बती बौद्धों में गिलुग संप्रदाय के सन्यासी पीला वस्त्र व टोपी धारण करते थे। तिब्बती बौद्ध धर्म के रिवाजों का मान रखते हुए, चिंग दरबार ने इन्हें पीतवर्ण मन्दिर का नाम दिया। आज, पश्चिम पीतवर्ण मन्दिर के प्रांगण में एक तिब्बती बौद्ध विद्यापीठ है। सप्ताहंत के दौरान, आप मन्दिर की तीन बार परिक्रमा कर अर्चना कर सकते हैं।

एक लम्बी सीढी।

बौद्ध मूर्तियों की दुनिया।

पत्थर का स्तंभ डूबते सूरज में छाया डालता है।

हवा में उड़ते बैनर।

एंडिंगमेनवाई स्ट्रीट, डोंगचेंग जिला

06 संध्याकाल में पृथ्वी मन्दिर में कबूतरों को दाना डालें

पृथ्वी की अर्चना के लिए मिंग व चिंग राजवंशों के सम्राटों द्वारा वर्तमान में सर्वाधिक बड़े मौजूद "पृथ्वी मन्दिर" में संध्याकाल में जब तक आप कबूतरों को दाना न चुगांए तब तक आपका जीवन अधुरा ही रहेगा। मशहूर लेखक शी तिशेंग के *मन्दिर और मैं* की वजह से पृथ्वी की अर्चना को समर्पित मन्दिर नौजवान साहित्यिक वर्ग में खासा लोकप्रिय हो गया है। "धरती की कृपादृष्टि ईमानदारी के पक्ष में होती है और इज्जतदार लोग, ईमानदारी के जरिए ही अपने जीवन में सुधार खोजते हैं", मैं जब भी यह कहावत सुनता हूं तो हर बार पृथ्वी के मन्दिर की समग्रता के बारे में सोचता हूं। वहां खूब हलचल रहती है: वसंत महोत्सव के दौरान वहां एक मेला लगता है जिसमें इतनी भीड़ जुटती है कि लाउडस्पीकरों पर बारंबार गुमशुदाओं की ही सूचनाएं प्रसारित होती रहती हैं। लेकिन, वह एक शांत जगह भी हो सकती है – कार्यकारी दिवसों पर पृथ्वी मन्दिर पर संध्याकाल में कबूतरों के झुण्ड मंडराते हैं, कम ही आगुंतक मौजूद होने के बावजूद।

कबूतर खुले आसमान में मँडरा रहे हैं।

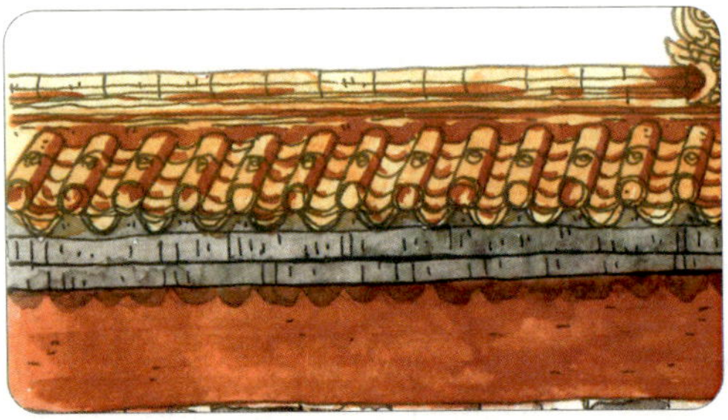

लिंग्ज़िंग गेट के बगल की चमकदार टाइलें धूप में चमकती हैं।

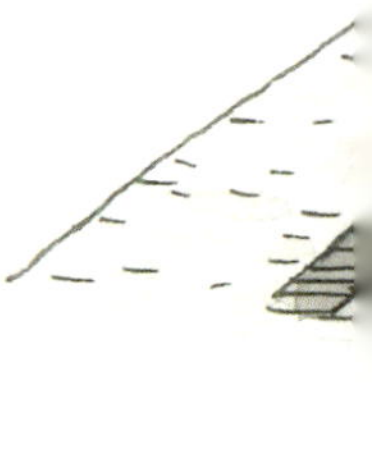

07

30 शुआंगकिंग रोड, हेडियन जिला

सिंघुआ विश्वविद्यालय में साझा साइकिल चलाएं और आप वहां के स्नातक होने का दिखावा कर सकते हैं

अगर आप चीनी बच्चों से पूछें कि वे किस विश्वविद्यालय में पढ़ना चाहेंगे, आमतौर पर जवाब होगा, "पीकिंग विश्वविद्यालय या सिंघुआ विश्वविद्यालय"। नक्शे में सिंघुआ का पुराना द्वार "सिंघुआ का नं 2 द्वार" दर्शाया गया है। 1909 में, चिंग राजवंश के शुआनटोंग के पहले वर्ष में बना, यह काली ईंट व सफेद खंभो वाला तीन दिशाओं में खुलने वाला तोरण ढांचा विश्वविद्यालय का मुख्य प्रवेश द्वार था। चीन में शैक्षिक स्वतंत्रता की परम्परा को स्थापित करने वाले तथा-कथित "चीनी अध्ययन के चार महागुरू" – लियांग चीचाओ, चेन यिंकी, वांग गूवई व जाओ युआनरेन – अपने कार्य-कक्षों में जाने के लिए इस तोरण द्वार से गुजरते। सिंघुआ विश्वविद्यालय में भूतपूर्व अध्यक्ष में यीचि ने एक बार कहा, "किसी विश्वविद्यालय को उसकी बड़ी इमारतें नहीं बल्कि महागुरू महान बनाते हैं।" सिंघुआ विश्वविद्यालय में आपका दाखिला न भी हो पाया हो, तब भी आप उसके प्रांगण में साईकिल में जा सकते हो, जैसे उसके छात्र जाते हैं।

पश्चिमी शैली के द्वार पर पूर्वी शैली की पट्टिका।

मेहराबदार गेट के अंदर का खूबसूरत परिसर कई युवा छात्रों के सपनों को संजोता है।

清華園

08

52 ईस्ट जिंगलोंग स्ट्रीट, चोंगवाई एवेन्यू, डोंगचेंग जिला

तोंगरेंतांग में औषधीय जड़ी-बूटियों की महक सूँघें

तीन सौ साल से भी ज्यादा पहले, यू फेंगमिंग ने अपने औषधालय को दाशीलान, चियानमेन से तोंगरेंतांग स्थानातरित किया। तब से, प्रसिद्ध बाडा हूटोंग के आसपास के इलाके में, औषधीय जड़ी-बूटियों की महक हवा में व्याप्त रहती है। कई लोग तो तोंगरेंतांग के प्राचीन इतिहास से, टीवी धारावाहिक *भव्य हवेली का प्रवेश द्वार (द ग्रैन्ड मैन्शन गेट)* के द्वारा परिचित हुए। उस धारावाहिक में बाईकाओतांग औषधालय, तोंगरेंतांग पर आधारित था। अपने सुनहरे दिनों

में वहां कार्यरत भेषजज्ञ (फार्मासिस्ट) "पूरी प्रक्रिया जटिल होते हुए भी हर दिशानिर्देश का सख्ती पालन से करते हुए तथा यह सुनिश्चित करते हुए कि उसमें इस्तेमाल किए जा रहे अवयव चाहे कितने भी महंगे हों, पूरे विशुद्ध हों", स्वतंत्र तौर पर बेहतर औषधि बनाते रहे। यह भावना आज तक विद्यमान है। चियानमेन आ रहे पर्यटकों को तोंगरेंतांग में उस इलाके में एक बार जरूर जाना चाहिए, कि वे उन औषधीय जड़ी-बूटियों की महक लें जो दुनिया भर में फैली हैं।

चित्रित गर्डर इमारत में भव्यता का एहसास जोड़ते हैं।

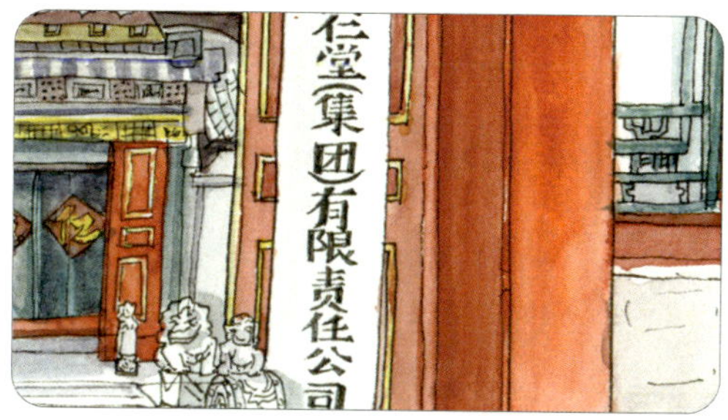

प्राचीन कहावतों का पालन करने वाली एक समय-सम्मानित फार्मास्युटिकल कंपनी।

परोपकारी हृदय से औषधि बनाना और नैतिक निष्ठा से व्यापार करना।

टोंगरेंटांग, चीन में एक समय-सम्मानित ब्रांड।

09

बीजिंग बैहे अस्पताल, दियानमेनवै स्ट्रीट, ज़िचेंग जिले से लगभग 140 मीटर उत्तर में

चेंगकिंग 'शिप लॉक' पर 'जल को शांत करने वाले जानवरों' की कहानी सुनें

कई प्राचीन राजधानियों में "पंखधारी नाग की नस" को लेकर किवदंतियां प्रचलित हैं। पर कोई यात्री गाइड उसके लेकर जो कथा सुनाता है उससे कहीं अधिक रोचक किसी स्थानीय बुजुर्ग द्वारा सुनाया वृतांत होता है। बीजिंग में कल्पित पशुओं पर किवदंतियां कहां सुनने को मिलेंगी? इसका जवाब, मिंग व चिंग राजवंशों के प्राचीन शाही महल, प्रतिबंधित शहर में नहीं बल्कि भीड़ भरे शिचाहाई झील के किनारे वानिंग नामक एक अवर्णित प्राचीन पुल है। पुल के दोनों ओर, मेहराबों के नीचे, युआन राजवंश काल की "जल-शांत करने वाले पशुओं" की दो मूर्तियां स्थित

हैं। शताब्दियों से मौसम के थपेड़े झेलते हुए वे मूर्तियां कुछ धुंधली हो गई हैं और नजरें एकदम उन पर नहीं जाती। ये "दोनों जानवर", दो "ड्रैगन नसों" के बीचों-बीच बैठे हैं। युआन, मिंग व चिंग राजवंशों की राजधानी के तौर पर बीजिंग का "ड्रैगन नसों" की नसों के समानान्तर निर्माण व विस्तार किया गया। "पृथ्वी ड्रैगन नस" योंगडिंग द्वार से घंटा टावर तक का मध्य अक्षरेखा को संबोधित करती है और वह बीजिंग में बेहाई झील से न्यानहे झील के बीच जल प्रणाली का अनुसरण करती है। वानिंग पुल दोनों "ड्रैगन नसों" के संगम पर स्थित है। जल-शांत करने वाले पशुओं की क्या कहानी है? इसे कुछ शब्दों में समझाना मुश्किल है। शायद सबसे बेहतर तरीका होगा कि स्वयं वहां जायें और चाय की चुस्कियों व बारबेक्यू के साथ वहां किसी बुजुर्ग से उन कहानियों को सुनें। लेकिन उन बुजुर्गों से बात करने रो पहले उन्हें "शुभकामनाएं" कह कर अभिवादन करना न भूलें।

护国寺小吃店
护国寺小吃

अध्याय 4

असली बीजिंग को जानें

01

तान्जेसी टाउन, मेंटोगो जिला

तान्जे मन्दिर के कमरे गिनें

बीजिंग की एक पुरानी कहावत के अनुसार, "तान्जे मन्दिर, यूजाओ (जहां आज का बीजिंग स्थित है) से भी पुराना है। पश्चिमी चिन राजवंश (266–316) के दौरान निर्मित, तान्जे मन्दिर, बीजिंग में सबसे पुराने बौद्ध मन्दिरों में है। कहते हैं कि अपने सुनहरे दिनों में वहां 999 व एक आधा कमरे हुआ करते थे, जबकि प्रबंधित शहर के लिए कहा जाता है कि वहां 9,999 व एक आधा कमरे उपलब्ध हैं। यह समानता, मन्दिर को एक लघु प्रतिबंधित शहर बनाती है। किवदंती है कि मिंग राजवंश के वास्तुकारों ने जब बीजिंग का निर्माण किया, उन्होने तान्जे मन्दिर की वास्तुकला तकनीक व शैली को संदर्भित किया। यूं भी, पिछले राजवंशों के राजा मन्दिर को स्वीकार कर चुके थे, जिससे उसकी गिनती उन कम ही मन्दिरों में हुई जिन्हें छत पर पीली खपरैलों का इस्तेमाल करने की इजाजत थी। अगर आपका इस नौ चोटियों से घिरे तान्जे मन्दिर में सप्ताहंत में जाना हुआ तो वहां के सन्यासी आपके साथ इस हजार साल पुराने बौद्ध मन्दिर के ऐतिहासिक बातें साझा कर सकते हैं।

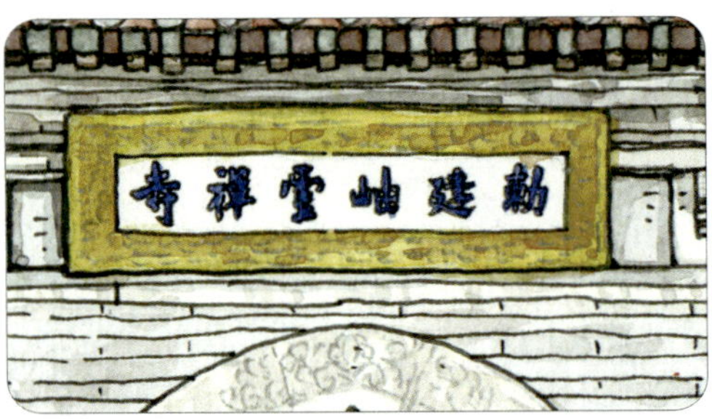

तन्ज़े मंदिर के प्रवेश द्वार के ऊपर लटकी पट्टिका पर चीनी अक्षर सम्राट कांग्सी द्वारा लिखे गए थे।

उत्तम पत्थर की नक्काशी से सजाए गए एक धनुषाकार द्वार के बगल में तन्ज़े मंदिर का साइनबोर्ड।

प्राचीन काल से, तन्ज़े मंदिर तीर्थयात्रियों के बीच लोकप्रिय रहा है।

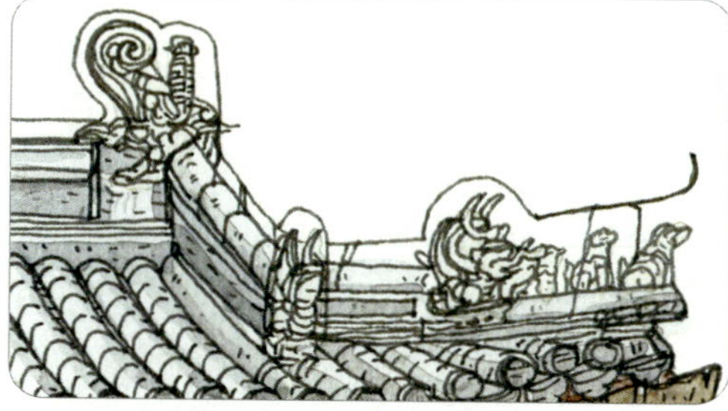

तन्ज़े मंदिर के एक हह्ल की छत के शिखर पर पौराणिक जानवर।

02

लुगो ब्रिज, फेंगताई जिला

लूगो पुल पर शेर की मूर्तियां गिनें

बीजिंग में एक आम कहावत है कि "लूगो पुल पर शेर की मूर्तियां अनगिनत हैं"। यह पंक्ति मिंग राजवंश की किताब *राजधानी में प्राकृतिक दृश्यों व लोक प्रथाओं का सारांश* में भी दर्ज है। लूगो पुल, जो मार्को पोलो पुल के नाम से भी जाना जाता है, फैंगटाई जिला में योंगडिंग नदी के आर-पार, बीजिंग शहर से दक्षिण-पश्चिम में 15 किमी दूर स्थित है। वह बीजिंग में सबसे पुराना बहु-मेहराबदार पत्थर का पुल है। पर्यटकगण, पुराने कथन की सत्यता तौलने के लिए पुल पर सुसज्जित शेर की पत्थर की मूर्तियों को गिनने की कोशिश करते हैं मगर अभी तक किसी भी

एक निर्णायक गिनती पर सहमति नहीं हो पायी है। सुबह होने से ठीक पहले, ढलता चांद, पुल के नीचे बह रही नदी के पानी में प्रतिबिंबित होता है जिस वजह से "भोर के चांद में लूगो पुल" वाक्य जन्मा और जो जिन राजवंश के सम्राट जांगजोंग के शासनकाल से ही "यानजिंग के आठ प्रसिद्ध दृश्यों" की सूचि में शामिल है। चांद की रोशनी में नहाए पुल से गुजरते हुए, शेर की मूर्तियों को गिनने पर मेहनत करने के बजाय आप वहां व्याप्त शाश्वत शांति का आनंद ले सकते हैं।

पुल पर कुछ अच्छी तरह से संरक्षित पत्थर के शेर अविश्वसनीय रूप से उत्तम और जीवंत हैं।

दशकों से, पुल के पत्थर के रास्ते पर गहरे और उथले कई गड्ढे छोड़ दिए गए हैं।

हर साल अनगिनत पर्यटक लुगौ ब्रिज और वानपिंग के नजदीकी गेट टावर को देखने आते हैं।

कई पत्थर के शेर दशकों के मौसम के बाद पहले ही नष्ट हो चुके हैं।

03

171 फुचेंगमेनेई स्ट्रीट, ज़िचेंग जिला

मियाओयिंग मंदिर में सफेद "छाया रहित" तिब्बती शैली के पगोडा के साक्षी बनें

एक पुरानी कहावत है कि, "बीजिंग में मियाओयिंग मन्दिर के सफेद पगोडा की कोई परछाई नहीं होती क्योंकि वह तिब्बत में छूट गयी थी।" इस सफेद पगोडा के स्थान को, युआन राजवंश के प्रथम सम्राट कुबलई खान ने व्यक्तिगत तौर पर चयन किया और उन्हीं के हुक्मनामा से उसका निर्माण हुआ था। उसकी बनावट का रचनाकार नेपाल से आया था, जिससे सफेद पगोडा में चीनी व नेपाली वास्तुशिल्प शैली का मिश्रित उपयोग हुआ और जो दोनों देशों के बीच परस्पर मित्र संबंध के इतिहास की याद दिलाता है। क्या सफेद पगोडा की वाकई कोई परछाई नहीं पड़ती? दरअसल, चोटीदार पगोडा के आजू-बाजू सकीर्ण गलियां है जो मन्दिर की परछाई का ढक सी देती हैं और चाहे सूरज हो या चांदनी रात, उसकी परछाई हर वक्त अधूरी सी ही दिखती है। हां, स्थानीय लोग यही कहना पसंद करते हैं कि पगोडा की "कोई परछाई नहीं"। वसंत के दिनों में शाम के समय, आस-पड़ोस में रह रहे बच्चे यहां आकर, अक्सर अपने बुजुर्गों से पुरानी कहानियाँ सुना करते हैं।

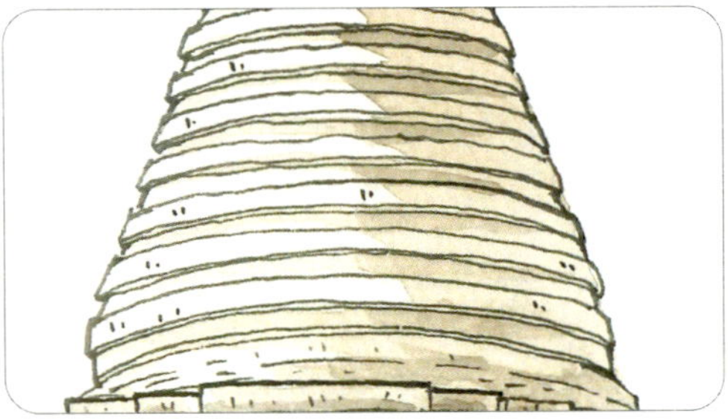

स्तूप के गगनचुंबी शंकु के आकार के शीर्ष में 13 परतें हैं जो "तेरह स्वर्ग" का प्रतीक हैं।

पास के पारंपरिक बंगले वाले घर शानदार व्हाइट पैगोडा से एकदम विपरीत हैं।

04

13 कुआचे हूटोंग, ज़िचेंग जिला

बीजिंग में चित्रकार ची बायशी के पुराने निवास पर उनकी कहानियाँ सुनें

आधुनिक समय में पारम्परिक चीनी चित्रकला के सुप्रसिद्ध गुरु ची बायशी (1864-1957) का पूर्व निवास लोकप्रिय वित्तिय मार्ग (फाईनेन्शियल स्ट्रीट) के सामने 13 क्वाचे हूटोंग पर स्थित है। पुरानी गली और आधुनिक मार्ग का चौराहा, शहर के गहन इतिहास और द्रुत आधुनिकीकरण के बीच तीव्र अंतर को प्रतिबिम्बित करता है। करीब 90 साल हुए ची इस घर में आए थे। एक संकीर्ण गली में दूर अंदर छिपा यह घर कुछ रहस्यमय लगता है। कहा जाता है कि वहां बांस

के घने पेड़ स्वय ची ने ही लगाए थे। वे यहां "भीड़-भड़ाके" से बचने के लिए बसे थे। आज वह अति चहल-पहल वाले वित्तीय मार्ग के बगल में है मगर बावजूद इसके ची बायशी का पूर्व निवास आज भी एक एकांत द्वीप सा अलग ही नजर आता है, जहां पर्यटक-गण आ कर, बांस के झुरमुट के बीच हल्के स्वर में तैरती, सुप्रसिद्ध चित्रकार की कहानियाँ सुनते हैं।

पुराना दरवाज़ा लोगों को पारंपरिक निवास के लंबे इतिहास की याद दिलाता है।

छत हरे-भरे खरपतवारों से ढकी हुई है, जिससे इमारत और भी पुरानी लगती है।

ईंट की दीवार में लगी पत्थर की पट्टियाँ संकेत करती हैं कि यह निवास पहले प्रसिद्ध चित्रकार क्यूई बैशी का था।

पत्थर के गेट खंभों पर नक्काशीदार पैटर्न दशकों के मौसम के बाद पहले से ही फीके पड़ गए हैं।

05

5 यिहेयुआन रोड, हेडियन जिला

पीकिंग विश्वविद्यालय में वेमिंग झील की सुंदरता का आनंद लें

चिंग राजवंश के दौरान वेमिंग झील शुचुन उद्यान का हिस्सा थी। इसका पानी वान्चुआन नदी से खींचा गया था। बाद में सम्राट चियानलांग ने यह उद्यान अपने चहेते कुलाधिपति ही शेन को तोहफे में दिया और तत्पष्चात् 1920 के दशक में यह यैनचिंग विश्वविद्यालय (आज के पीकिंग विश्वविद्यालय) का हिस्सा बना। विश्वविद्यालय ने परिसर की रूपरेखा तैयार करने के

लिए अमरीकी वास्तुशास्त्री हेनरी किलम मर्फी को आमंत्रित किया। उस समय, सुप्रसिद्ध चीनी विद्वान चियान मू ने झील को वेमिंग (शब्दार्थ, अनाम) नाम दिया। लेकिन कई लोगों की नजरों में "अनाम" झील ज्यादा लोकप्रिय हुई। यह नाम, पीकिंग विश्वविद्यालय की यश व धन के प्रति उदासीनता तथा उसकी व्यापक दृष्टि व समाविष्टी भावना दर्शाता है। गोधूलि बेला में, झील के किनारे बैठो तो पीकिंग विश्वविद्यालय द्वारा समर्थित स्वतंत्रता का भाव उत्प्रेरित होता है।

06

हुगुओसी स्ट्रीट, ज़िचेंग जिला

हुगुओसी शियाओची रेस्तरां में बिना चम्मच के *डोज़ी* पियें

बीजिंग निवासी की पहचान करने को लेकर एक पुराना प्रहसन हैः उसे डोज़ी (खमीरयुक्त मूंग दाल का रस) का एक कटोरा पिलाओ, और अगर उसे पीने के बाद वह गाली-गलौज की झड़ी लगा दे तो मान लो कि कोई बाहर से आया व्यक्ति है क्योंकि पुराने बीजिंग निवासी तो रस को सूंघते ही साथ में कुछ तला हुआ खाने की भी मांग करेंगे। हुगुओसी नाश्ता गली का हूगो मन्दिर पर पड़ा है जो कि बीजिंग में युआन राजवंश के दौरान निर्मित आठ प्रमुख मन्दिरों में से

एक है। स्थानीय अल्पाहार के तौर पर डोज़ी तो कहीं पहले लियाओ व सोंग राजवंश के शासनकाल के दौरान से ही बीजिंग के निर्बल आय के लोगों के बीच लोकप्रिय था। चिंग राजवंश के सम्राट चियानलांग के शासनकाल के दौरान यह पेय शाही परिवारों के खाने की मेज तक पहुंचा। तो आप जब भी हुगुओसी से गुजरें तो *डोज़ी* का स्वाद लेना याद रखें। कई लोग जानते हैं कि डोज़ी को तले छल्लों के साथ खाया जाता है मगर कम ही लोग जानते हैं कि उसे कटोरे के किनारे से चुस्की लेकर लेना चाहिए। सिर्फ बाहरी लोग ही होते हैं जो उसे पीने के लिए चम्मच की मांग करते हैं।

हू गुओ एस इक्सिया ओ ची रेस्तरां का चिन्ह।

पुराने रेस्तरां की कांच की दुकान की खिड़की विभिन्न प्रकार की पेशकशों को प्रदर्शित करती है।

अपने सीमित आकार के बावजूद, रेस्तरां कई आश्चर्य लेकर आता है।

भूरे रंग की बाहरी दीवार पुराने बीजिंग वासियों के कम प्रोफ़ाइल में रहने के जीवन दर्शन को दर्शाती है।

07

बियानिफांग प्लाजा, चोंगवेनमेनवाई स्ट्रीट, डोंगचेंग जिला

बियानिफांग रेस्तरां में पारम्परिक बंद-तन्दूर में भुनी हुई बत्तख का स्वाद लें

भूनी हुई बत्तख, बीजिंग खान-पान का चिह्नक व्यंजन है। इसको बनाने के दो तरीके हैं: एक, बंद-तन्दूर में जैसा बियानिफांग रेस्तरां में बनाया जाता है और दूसरा, लटके-तन्दूर में जैसा चुआनजूदे में बनता है। हालांकि आज, चीन भर में चुआनजूदे का तरीका ज्यादा लोकप्रिय है, मगर बीजिंग निवासी बियानिफांग व्यंजन विधि, जिसका 600 साल से भी अधिक का इतिहास हे, ज्यादा पसंद करते हैं। बियानिफांग दरअसल, बंद तन्दूर में भूने बत्तख व्यंजन का आविष्कारक

है। बंद तन्दूर विधि में बत्तख को सीधे आग में न भून कर, तन्दूर के भीतर दीवार की आंच में पकाया जाता है। इस तरह, भूनी बत्तख पर राख की परत भी नहीं जमती है। तो बियानिफांग रेस्तरां में पारम्परिक तरीके से बंद तन्दूर में भूनी बत्तख को एक बार लें तो सही। उसके स्वाद भर से आपके सब गम काफूर हो जाएंगे।

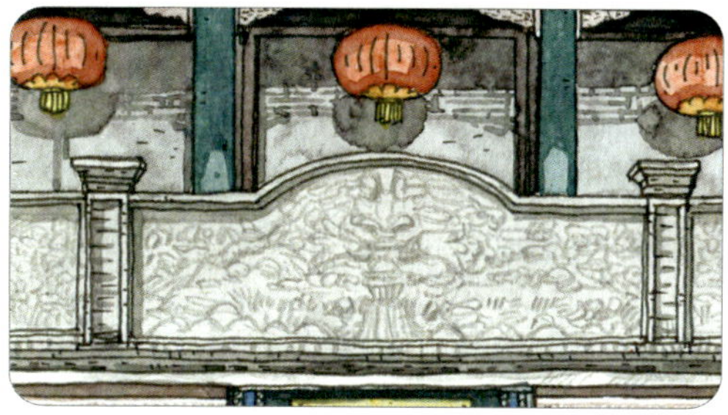

दूसरी मंजिल के छज्जे पर सुंदर पत्थर की नक्काशी।

प्रवेश द्वार पर पत्थर की मूर्तियाँ देश और विदेश दोनों से ग्राहकों का स्वागत करती हैं।

बियानिफ़ांग रेस्तरां के शुभंकर युआनयुआन की एक मूर्ति। पारंपरिक चीनी पोशाक में प्रतिद्वंद्वी बत्तख एक फैशनेबल स्केटिंग बोर्ड की सवारी करती है, जो परंपरा और आधुनिकता को एकीकृत करने वाले माहौल को प्रदर्शित करती है।

श्री डोंग शूपिंग द्वारा लिखित षबिआनिफांगष की पट्टिका रेस्तरां में ऊंची लटकाई गई है।

清真
爆肚馮
爆肚馮
老北京

08

मेंकुआंग हूटोंग के पास, 66 लेंगफेंग नंबर 2 स्ट्रीट, ज़िचेंग जिला

मेंकुआंग हूटोंग के बाओदू फेंग रेस्तरां में पारम्परिक बाओदू खाएं

पुराने बीजिंग के चहल-पहल वाले व्यवसायिक इलाकों के लिए एक लोकप्रिय कहावत है: डौंगसी, शीडान, कुलोउ, वांगफूजिंग, चियानमेन व दाशीलान, और संकीर्ण मेंकुआंग हूटोंग भी। आज मेंकुआंग हूटोंग एक अन्जानी से गली है जहां, छोटे, जर्जर बंगले हैं। लेकिन वहां से गुजरते हूए अक्सर एक लंबी कतार में खड़े लोगों को रेस्तरां – बाओदू फेंग – के आगे इंतजार करते पाया जा सकता है। बीजिंग की स्थानीय भाषा में बाओदू (भेड़ व गाय की आंतों से बना बीजिंग का एक अल्पाहार) का उच्चारण होता है – बाओदूओर। अतीत में यह अल्पाहार बीजिंग के निर्बल वर्ग के निवासियों में खासा लोकप्रिय था। ताजी कटी गाय या भेड़ की आंत को अच्छी तरह धो कर पट्टियों में काटा और तुरंत गर्म पानी में उबाला जाता है। उसे विशेष चटनी के साथ खाया जाता है और उसका स्वाद कोमल, चबाने योग्य व स्वादिष्ट होता है। शरद ऋतु के शुरू होते ही (चीनी कैलण्डर में 24 सौर शब्दावली में एक) बाओदू फेंग रेस्तरां के आगे बाओदू के एक कटोरे के लिए लोगों की पंक्ति लगनी लगती है। चिंग राजवंश के सम्राट ग्वांगचू के शासनकाल से ही यह अल्पाहार शरद ऋतु के लिए विशेष उपयुक्त माना जाता रहा है।

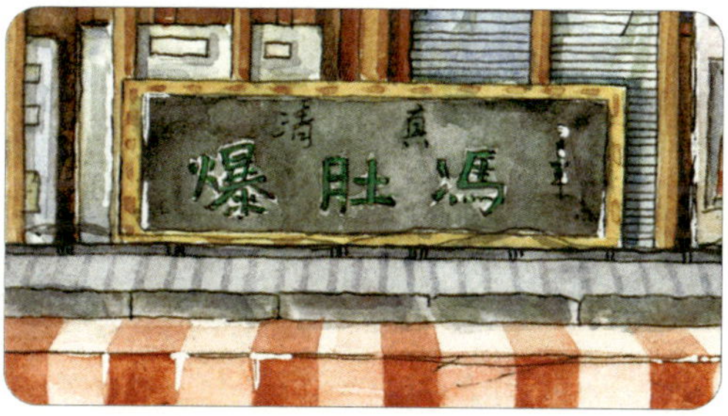

बाओडु फेंग रेस्तरां का चिन्ह।

रेस्तरां एक निचले, साधारण घर में स्थित है।

गरीब लोग ऐसी स्लेटी टाइल्स वाली छत के नीचे सुखी जीवन जीते हैं।

बाओडू एक ऐसा नाश्ता है जो विशेष रूप से शरद ऋतु के लिए उपयुक्त है।

09

311 गुलोउ ईस्ट स्ट्रीट, डोंगचेंग जिला

गुलोउ का पारम्परिक व्यंजन याओजी चाओगन चखें

बीजिंग की एक पुरानी कहावत है, "अगर आप पारम्परिक चाओगन खाना चाहते हो तो गुलोउ जाओ।" चाओगन क्या है? अक्षरशः "तला जिगर", यह सूअर के जिगर व आंतो तथा लहसुन व अनाज के सत्व से बना एक बीजिंग अल्पाहार है। उसकी उत्पत्ति, सोंग राजवंश काल के "सूअर का दम जिगर" व "सूअर का तला जिगर" तक मानी जाती है। गुलोउ का याओजी चाओगन एक अनजाना सा पुरानी साज-सज्जा वाला रेस्तरां है। फिर भी, स्थानीय लोग वहां जगह पाने

के लिए लाइन लगाते हैं। यहां तक कि अमेरिका के भूतपूर्व उपराष्ट्रपति जो बाइडेन भी यहां खाना खाने आ चुके हैं। चाओगन के अलावा, उस रेस्तरां में अन्य बीजिंग अल्पाहार, जैसे तले हुआ स्टार्च सॉसेज, मटर के आटे का केक तथा गोश्त के शोरबे में उबले गेंहू का केक – जीभ के लिए शानदार दावत हैं। इतने विभिन्न स्वादिष्ट भोजन का विकल्प आपको राजा होने का एहसास दिलाएगा।

बीजिंग की एक पुरानी कहावत है, “यदि आप रूढ़िवादी चाओगन खाना चाहते हैं तो गुलोउ जाएँ।”

रेस्तरां की पारंपरिक चीनी वास्तुकला शैली लोगों को अतीत की याद दिलाती है।

रेस्तरां में एक कम प्रोफ़ाइल वाला सामने का दरवाज़ा और पुरानी सजावट है।

उत्तरी चीन के मूल पौधे और फूल शरद ऋतु की ठंडक का सामना कर सकते हैं।

10

126 डोंगसी नॉर्थ स्ट्रीट, डोंगचेंग जिला

जांगयियुआन में बीजिंग की पारंपरिक चमेली चाय की महक लें

अतीत में साधारण परिवारों के दैनिक जीवन की सात जरूरतें थीं ईधन, चावल, खाद्य तेल, नमक, चटनी, सिरका व चाय। आम चर्चा में जब भी चाय-दुकानों का जिक्र होता है जो बीजिंग के पुराने निवासियों को सबसे पहले जांगयियुआन का ही ख्याल आता है। जांगयियुआन इतना मशहूर क्यों है? कहानी शुरू होती है बीजिंग निवासियों का चमेली की चाय के जुनून से, जो जांगयियुआन का चिह्नक उत्पाद है। आज भी, कोई भी खरीदार अगर दुकानदार से "चमेली की चाय" के लिए पूछता है तो उसे नौसिखिया या नवागंतुक ही माना जाता है। स्थानीय लोग शायद ही कभी उसे "चमेली की चाय" कहते हैं, वे तो सिर्फ "फूल की चाय" कहते हैं। बीजिंग क्यों उसे इतना पसन्द करते हैं? दरअसल उसकी लोकप्रियता का कारण है अतीत में शहर के पानी का असंतोषजनक गुण। बीजिंग में पानी नल में उपलब्ध होने से पहले, स्थानीय पेयजल का स्वाद कड़वा व अधिकतर चायों के लिए अनुपयुक्त होता था। पानी की उस कड़वाहट को चमेली की चाय की तेज महक से ही दबाया जा सकता था। मगर चिंग राजवंश के सम्राट चियानलांग को आम हरी चाय क्यों पसंद थी? क्योंकि अकेले सम्राट ही थे जो दूर युचुआन पहाड़ (हरिताश्म चश्मा) से पानी मंगवाने/खरीदने का सामर्थ्य रखते थे। राजा लोंगजिंग जैसी सामान्य हरी चाय का आनन्द लेते जबकि आम जन चमेली के फूलों से सुगन्धित चाय की चुस्की लेते।

झांग अस्पताल का चिन्ह।

खिड़की के पर्दे के पीछे से चमेली की चाय की खुशबू आ रही है।

एक खरीदार को नौसिखिया माना जाएगा यदि वह बिक्री क्लर्कों से "चमेली चाय" मांगता है।

गमले में लगे पौधे और दोहे बीजिंग के रूढ़िवादी स्वाद को प्रदर्शित करते हैं।

張一元
OPEN

11

जियांगुओमेनवाई स्ट्रीट, चाओयांग जिला

सीबीडी में एक आकर्षक यात्रा का आनंद लें

पूर्वी बीजिंग में एक आकर्षक जगह है जहां सड़कों पर एक ही जगह विलास साधन विशेष की बड़ी दुकानें व साधारण चीले के खोमचे परस्पर समरसता में साथ-साथ मिलते हैं। एक विलासपूर्ण बैग की कीमत 1 लाख युआन हो सकती है, तो वहीं एक साधारण चीला 10 युआन में ही मिल जाएगा। अगर कोई ग्राहक चीले बेचने वाले से कहे कि दो अण्डे और डाल दें, तो वह उसे पास ही विलासी दुकान से लेकर आ जाएगा। बाहर के लोग उस इलाके को केन्द्रीय व्यापार जिला (सेन्ट्रल बिज़नेस डिस्ट्रिक्ट – सीबीडी) कहते हैं, मगर पुरानी पीढ़ी के बीजिंगवासी आज भी उसे दबेयाओ (शब्दार्थ "महान उत्तर भट्टी") ही कहते हैं। वास्तव में यहां पर बस-स्टॉप का नाम आज भी दबेयाओ ही है। 1939 में, जापानी आक्रमणकारियों द्वारा बीजिंग में ईंट की एक भट्टी बनवाई गई। तब कोई भी यह कल्पना नहीं कर सकता था कि दशकों बाद भट्टी वाली जगह, भीड़-भाड़ वाली सीबीडी बन जाएगी। अपने सीमित क्षेत्रफल के बावजूद, सीबीडी आज बीजिंग में सर्वाधिक चहल-पहल वाले जिलों में एक है। यह वह जगह हैं जहां बुजुर्ग बीजिंगवासियों ने आयातित कॉफी का पहला कप पिया था और अपना पहला विलासितापूर्ण सामान खरीदा था। इलाके के सुनहरे दिनों में, लोग मजाक-मजाक में कहते थे कि सीबीडी में किसी एक कार्यालय भवन में उत्पादन की तुलना किसी भी दूरस्थ प्रान्त के जीडीपी के साथ की जा सकती है। हाल के वर्षों में चीन के अलग-अलग इलाकों में संतुलित विकास के साथ, देश एक-समान समृद्धि की ओर बढ़ रहा है। इस संदर्भ में, सीबीडी की आज पहले जैसी चमक तेज तो नहीं रही मगर फिर भी वह आज भी देश में सर्वाधिक वेतन पाने वाले कार्मिकों को आकर्षित करता है। वहां अक्सर मंहगे हैंडबैग थामे आफिस महिलाएं या दोस्तों के साथ पार्टी करती *होनफू* (पारम्परिक चीनी परिधान) पहनी लड़कियां, दिख जाती हैं।

अध्याय 5

विश्राम

01

12 साउथ स्ट्रीट, टोंगझोउ जिला

शियाओलू रेस्तरां में ट्विस्टेड ब्रेड खाएं

बीजिंग की बोली में, शियाओलू का उच्चारण "शियाओलू'अर" है जो थोड़ा अधिक स्नेहशील सुनायी पड़ता है। चिरप्रचिलित शियाओलू रेस्तरां को लेकर मेरे बचपन की मधुर स्मृतियां हैं जो 1900 (चिंग राजवंश के सम्राट गुआंगचू के शासन के 26वें साल) में शुरू हुआ था और आज भी अपनी लुओसिचुआने'अर (एक तरह की ट्विस्टेड ब्रेड) के लिए विशेष जाना जाता है। बच्चे इस बात की परवाह नहीं करते कि रेस्तरां कितना पुराना है, उन्हें सिर्फ उसके स्वादिष्ट पकवानों से मतलब है। ननजी मार्ग, जहां हुई समुदाय के लोग बहुतायत में रहते हैं, वहां स्थित शियाओलू एक मुस्लिम रेस्तरां है। बचपन में स्कूल से घर लौट कर मैं लुओसिचुआने'अर खरीदने के लिए अपने मां-पिता से आधा युआन मांगता था। तिल की चटनी और ब्राऊन चीनी के साथ, पेस्ट्री से मीठी सी महक उठती थी। बुजुर्ग बीजिंगवासी लुओसिचुआने'अर को खास तरीके से खाते हैं: उसे सीधे चबाने के बजाय वे पहले उसे तोड़ते हैं और एक-एक टुकड़ा लेकर उसका स्वाद उठाते हैं।

ज़ियाओलू रेस्तरां एक शताब्दी पुराना मुस्लिम रेस्तरां है जिसे व्यापक प्रतिष्ठा प्राप्त है।

रेस्तरां एक विशिष्ट पहलू का दावा करता है।

ज़ियाओलू रेस्तरां का नाश्ता विभाग।

ज़ियालोउ रेस्तरां की दूसरी मंजिल।

02

51 दियानमेनवै स्ट्रीट, ज़िचेंग जिला

लोटस मार्केट की एक मधुशाला में कॉकटेल पीने का आनंद लें

चिनहाई पश्चिम मार्ग से सटे शीचाही झील के किनारे, लोटस बाजार एक दर्शनीय स्थल है। यह इलाका दुनिया भर के पर्यटकों से खचाखच भरा रहता है और यहां अक्सर आपको चीनी से ज्यादा अंग्रेजी सुनायी पड़ती है। चिंग राजवंश के उत्तर-काल और चीनी गणतंत्र के शुरुआती दौर (1912-1949) में लोटस मार्केट, पांचवे चंद्र मास के पांचवे दिन ड्रैगन नाव महोत्सव से लेकर सातवें चंद्र मास के पन्द्रहवें दिन भूत महोत्सव तक ही खुलता था। मौसम में ठंड होने

के साथ ही बाजार बंद कर दिया जाता था। बाद में, लोटस मार्केट, बीजिंग निवासियों के लिए गर्मी से बचने के लिए एक लोकप्रिय जगह बन गयी। बर्फ में कमल की जड़ों की एक कटोरी किसी भी बच्चे को पूरी दोपहर खुश रख सकती है। मगर, उम्र के साथ, सुख को पकड़ पाना मुश्किल होता जाता है। लोटस मार्केट में आप कॉकटेल पीते, खिड़की के सामने से गुजरते विलासी खरीददारों को देख कुछ सांत्वना महसूस करेंगे।

लोटस मार्केट के प्रवेश द्वार पर एक सुंदर स्मारक तोरणद्वार खड़ा है।

लोटस मार्केट शिचाहाई झील के लोटस तालाब के पश्चिमी तट पर स्थित है।

लोटस मार्केट बीजिंग में आम निवासियों के लिए एक लोकप्रिय ग्रीष्मकालीन विश्राम स्थल है।

झील के किनारे रोते हुए विलो और सफेद संगमरमर के छज्जे एक-दूसरे से अलग हो जाते हैं।

03

सानलितून रोड, चाओयांग जिला

सानलितून मधुशाला में गहन होने का दिखावा करें लेकिन कभी भी सेल्फी पोस्ट न करें

संगीत के एक ऐप पर, गानों की एक लोकप्रिय सूचि है, "तंबाकू व शराब में भीगी प्रिय आवाजें"। मुझे मालूम नहीं कि शहरी लोगों के लिए कब "उदासी", शराब के साथ एक सुन्दर व्यंजन बन गयी। सानलितून (शब्दार्थ, तीन-लि गांव), जैसा उसके नाम से लगता है, किसी समय एक गांव हुआ करता था। उसका नाम यूं पड़ा कि वह बाकायदा शहर से तीन-लि (एक लि बराबर आधा किलोमीटर) दूर पड़ता था। किसी बुजुर्ग स्थानीय टैक्सी चालक को उन दिनों की याद होगी कि जब वहां कोई अकारण नहीं जाता था। आज बीजिंग में देर-शाम माहौल के लिए सानलितून सर्वाधिक चहल-पहल वाले इलाकों में एक बन गया है जहां प्रवासी चीनी, रईस, जाने-माने लोग, कलाकार, व्यवसायी, कुलीन वर्ग व अनिद्रा के शिकार युवा आकर्षित होकर आते हैं। महानगर के रात्रि दृश्य शराब के पैमानों में प्रतिबिम्बित होते हैं। शायद आप किसी दूसरी दुनिया से ही आते हों। यहां, लंबी, छरहरी आकृति के बजाय ड्रेडलॉक (साधुनुमा) बाल वाले ज्यादा ध्यान आकर्षित करते हैं। मगर आप बिल्कुल भी झिझके नहीं और शराब का एक गिलास आर्डर करें जैसे कि आप यहां नित्य ही आते रहे हों। पर हां, इसका ध्यान जरूर रखें कि अपनी कोई ऐसी 'सेल्फी' न खीचें जो आपको फैशन से परे कर दे।

ताई कू ली का चिन्ह।

दीवार पर टंगी शराब की खाली बोतलें।

04

46 फांग्जिया हूटोंग, डोंगचेंग जिला

फांग्जिया हूटोंग में "मिनी 798" का भ्रमण करें

दो साल हुए, एक स्थानीय अखबार ने बीजिंग में "चार सर्वाधिक लोकप्रिय गलियां" क्रम तय किया – नानलुयोगुशियांग, यानदाई जिएजी, वूडोइंग और फांग्जिया हूटोंग। पर्यटकों से भरे शीचाहाई व लामा मन्दिर के बगल में अन्य तीन स्थानों की तुलना में, फांग्जिया हूटोंग कुछ कमतर नजर आ सकता है, लेकिन वह सर्वाधिक सषक्त कलात्मक स्पर्ष लिए हुए है। इस कारण, वह शांति व एकांत चाहने वाले युवा कलाकारों का पसंदीदा गंतव्य बन पड़ा है। अतीत में, इस गली में राजकुमार जुनजुन की हवेली हुआ करती थी। 1949 में चीनी जन गणराज्य बनने के बाद, 46 फांग्जिया हूटोंग की हवेली को चीनी राष्ट्रीय मशीन औजार निगम में परिवर्तिक कर दिया गया। ठीक जिस तरह परित्यक्त कार्यषलाओं के आधार पर 798 कला जिला का निर्माण हुआ, उसी तरह पुरानी फैक्टरी को बाद में लॉफ्ट कला विस्तार में परिवर्तित कर दिया गया और जो नवयुवाओं में लोकप्रिय है। जगह-जगह कैफे, मधुशाला, रेस्तरां, छोटे बुटीक होटल व प्रयोगधर्मी रंगमंच फैले होने से इलाके को "गली में लघु 798" कहा जाता है। वसंत के किसी सप्ताहंत में आप 46 फांग्जिया हूटोंग के किसी दुकान में 3-4 अमरीकी डॉलर में कॉफी ले सकते हो या रुगु स्टूडियो में फोटो खिंचवा सकते हो जहां प्रत्येक तस्वीर की लागत कम से कम बीस हजार युआन (लगभग 2800 अमरीकी डालर) होती है। आपको जो भी पसन्द हो, कुछ न कुछ जरूर मिल जाएगा जो आपके अकेले के लिए उपयुक्त होगा।

漫步时光 寻找记忆
时光漫步怀旧主题酒店

05

दक्षिण से शिलिहे ब्रिज, दक्षिण-पूर्व तीसरी रिंग रोड, चाओयांग जिला

शीलहे का फूल, पक्षी, मछली व कीट बाजार घूमें

बीजिंग में दक्षिण-पूर्व तीसरा रिंग मार्ग के निकट समृद्ध इलाके में, बीजिंग-लियानजिन द्रुत-गति रेल के पुल के सामने शीलहे का फूल, पक्षी, मछली व कीट बाजार है। बाजार, पुराने बीजिंग का मूल स्वरूप बचाए हुए है। अतीत में, कई स्थानीय लोग क्रिकेट कीट व टिड्डी जैसे कीड़े-मकौड़े पालते थे। वे इनकी खूब देखभाल करते और उनके गायन का आनन्द लेते थे। मेन्डरिन भाषा में इनके नाम चौंग की जगह स्थानीय लोग इन कीड़ों को चौंग'अर कहा करते थे। एक बुजुग आदमी ने मुझसे एक बार कहा, कि जब वे युवा थे तो क्रिकेट कीट व टिड्डी का स्वर सुनना उन्हें बहुत पसन्द था लेकिन जब वे बड़े हुए तो पूर्वीय उद्यान क्रिकेट कीटों का सूना मगर मधुर स्वर उन्हें ज्यादा भाने लगा।

शिलिहे तियानजियाओ संस्कृति शहर का स्मारक तोरणद्वार।

बाज़ार फूल, पक्षी, कीड़े, मछली, सुलेख, पेंटिंग और प्राचीन वस्तुओं सहित विभिन्न प्रकार की विशेष वस्तुएं प्रदान करता है।

बाज़ार के प्रवेश द्वार पर एक पत्थर का शेर।

बाजार आगंतुकों से खचाखच भरा हुआ है।

十里河
天娇文化城
十里河天娇民俗文化城
出口
入口

06

61 गुलोउ वेस्ट स्ट्रीट, ज़िचेंग जिला

गुआंगमिंग्गे में एक-दूसरे की गपशप सुनिए

गुलोउ पश्चिम मार्ग पर स्थित 61 नं अहाता में गुआंगमिंगे का आगे का हिस्सा अनाकर्षक होने की वजह से, पर्यटकों की नजरों से आसानी से चूक सकता है। मगर, युवा लोग जो पारम्परिक चीनी संस्कृति में रुचि रखते हैं, उनके लिए वह एक पसंदीदा गंतव्य है। हाल के वर्षों में, पारम्परिक चीनी कला प्रदर्शन में गिरावट के बावजूद, उत्साही युवाओं का एक समूह है जो पारम्परिक हास्य कला को पुनर्जीवित करने के लिए कृत-संकल्प है। सिंघुआ विश्वविद्यालय से डाक्टर की उपाधि लिए ली यिनफे ने उनकी अगुवाई की। वह पंखों के डैने इकट्ठा करने, कायशु लेखन में दक्ष व पंखों के साथ अपनी फोटो खींचने का शौकीन है। अन्य प्रस्तुतकर्त्ताओं का जीवन भी विविध कहानियों से भरा हुआ है: ली किसी समय एक गैस कंपनी के लिए काम करता था और यी पेंग एक समय हवाई जहाज का मैकेनिक था जो थंका चित्रकला व यीशिंग मिट्टी की चाय केतली बनाने का शौकीन था। कुछ लोग कटाक्ष करते हैं कि इनकी प्रस्तुतियां बड़ी धीर-गंभीर होती हैं और उतनी मनभावन नहीं। मगर कौन चिंता करता है? बीजिंग के विस्तृत इलाके में, कभी-कभार युवाओं के ऐसी टोलियां भी मिल जाती हैं जो पारम्परिक कलाओं के प्रति समर्पित हैं। उनका दृढ़ भाव शुरुआती वसंत में फूटती कलियों की तरह है – अभी अशक्त मगर सुन्दर व प्रेरणादायक।

07

2 वेस्ट चांगान एवेन्यू, ज़िचेंग जिला

राष्ट्रीय कला प्रदर्शन केन्द्र में नए साल के संगीत कार्यक्रम में लाइव संगीत सुनें

कोई भी नव-वर्ष का उत्सव, राष्ट्रीय कला प्रदर्शन केन्द्र, नव-वर्ष का संगीत समारोह देखे बगैर पूरा नहीं होता। कुछ लोगों का मानना है कि बीजिंग की सर्वाधिक आकर्षक विशेषता है उसके प्रचुर सांस्कृतिक संसाधन। 80 युआन में, जितने में अन्य शहरों में दोस्तों के साथ साधारण भोजन मात्र किया जा सकता है, आप विभिन्न सांस्कृतिक गतिविधियों, जैसे राष्ट्रीय कला प्रदर्शन केन्द्र में (मगर सस्ती दर की सीटों से) वाग्नर के सिम्फनी संगीत प्रस्तुति का रसास्वादन कर सकते हो। यह केन्द्र जो कि पक्षी के विशाल अण्डे के आकार का बना है और जिस वजह से इसे

"पक्षी का अण्डा" उपनाम से भी जाना जाता है, एशिया का सबसे बड़ा थिएटर है और दर्शक यहां चीनी अथवा विदेशी कलाकारों द्वारा मशहूर ऑपेरा (गीतीनाट्य), नृत्य व गायन कार्यकमों का आनन्द ले सकते हैं। प्रत्येक चीनी नव-वर्ष पर यहां पीकिंग ऑपेरा जैसे पारम्परिक चीनी कलाओं का मंचन किया जाता है। किसी भी चीनी व्यस्क के लिए यह समय होता है अपने माता-पिता को ऑपेरा देखने ले जाने का ठीक जैसे माता-पिता खुद उन्हें बचपन में ले जाया करते थे।

कुछ माता-पिता अपने बच्चे को राष्ट्रीय प्रदर्शन कला केंद्र में प्रवेश करते हुए देखना चाहते हैं।

इमारत के बाहरी हिस्से पर रंगीन कांच के साथ अमूर्त धातु रेखाएं पूरी तरह से मेल खाती हैं।

राष्ट्रीय प्रदर्शन कला केंद्र विभिन्न प्रकार के संगीत और नाटक प्रस्तुत करता है।

नेशनल सेंटर फहर द परफहमिंग आर्ट्स का चीनी नाम पूर्व चीनी राष्ट्रपति जियांग जेमिन द्वारा अंकित किया गया था।

08

बिल्डिंग 3, झेंगयांग मार्केट, ज़िचेंग जिला

लाओ ची चायगृह में प्रामाणिक बीजिंग संस्कृति का अनुभव करें

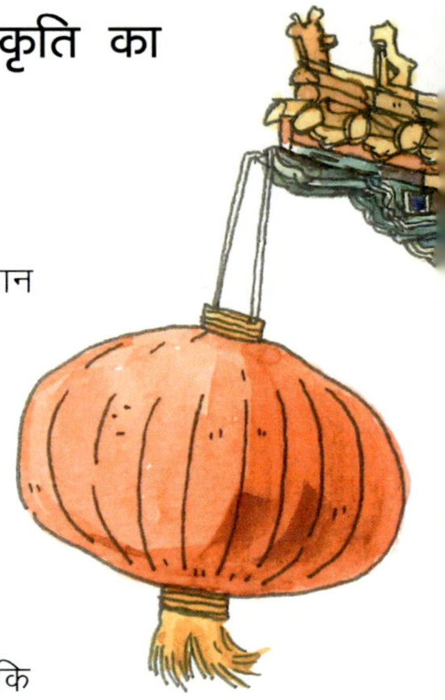

"जब मेरे दादा जवान थे तो वे अक्सर यहां संगीत बजाते थे...." जब गीतकार यान सू ने "चियानमेन में 'बिग बोल टी' की उदास यादें" लिखा तो तब मैं पैदा भी नहीं हुआ था। फलस्वरूप, मेरी उस समय की कोई स्मृति नहीं है। बीजिंग चायख़ानों में बिग बोल टी लोकप्रिय था। बहरहाल, लाओ ची चायख़ाना ने पुराने जमाने के चायख़ानों का चलन पुनर्जीवित किया। पुराने समय में, चियानमेन के चायख़ाना के आगे लोग बिग बोल टी के एक कप चाय के लिए पंक्ति लगा खड़े होते थे। उन दिनों चाय 0.02 युआन प्रति कप होती थी। हालांकि आज लाओ ची चायख़ाना में पारम्परिक सांस्कृतिक प्रस्तुति देखने के लिए एक टिकट की कीमत 180 युआन होती है, छुट्टियों व व्यस्त दिनों में वह भी मिलना मुश्किल हो जाता है। जब मैं युवा था, मैं सोचता था कि लाओ ची चायख़ाना वही है जो लाओ ची के नाटक "चायख़ाना" (द टीहाउस) में दिखाया गया। बाद में, समझ में आया कि नाटक में जो चायख़ाना था वह वास्तव में उत्तर चिंग राजवंश काल व शुरू चीनी गणतंत्र दौर का यूताई चायख़ाना था। फिर भी, लाओ ची चायख़ाना में आप जिंगयुन दगू (बीजिंग की बोली में, ढोल की थाप पर कथावाचन की एक पारम्परिक कला) का आनन्द ले सकते हैं मगर जो गृहासक्तता भी उजागर कर सकती है।

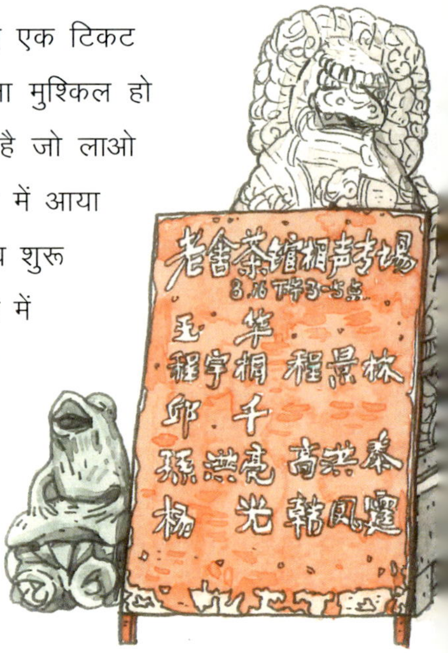

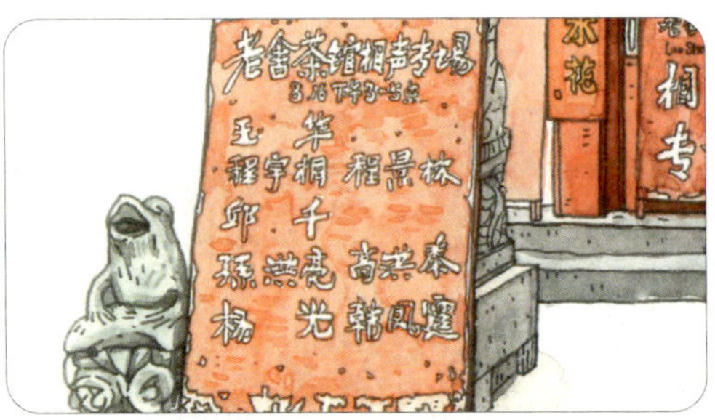

टीहाउस के बाहर लगा बोर्ड मंचित होने वाले शो की घोषणा करता है।

दीवार पर टंगा लकड़ी का साइनबोर्ड चायखाने के लंबे इतिहास को दर्शाता है।

प्रवेश द्वार पर पत्थर की मूर्तियां लोगों को चायघर के उतार-चढ़ाव की याद दिलाती हैं।

एक वेटर लोक कलाओं को पसंद करने वाले ग्राहकों की प्रतीक्षा करने के लिए चायघर के दरवाजे पर बैठा है।

09

ए1 बेइवेई रोड, डोंगचेंग जिला

तियानचियाओ थिएटर में देयुनशे प्रहसन मंडली देखें

तियानचियाओ (शब्दार्थ "दिव्य पुल") विभिन्न बीजिंग लोक कलाओं की जन्मस्थली है। अतीत में, पार जाने के लिए लोंगशूगो नदी पर एक पुल था। सभी सम्राट, जो खुद को "दिव्यपुत्र" कहा करते थे, पुल पार कर स्वर्ग पूजने जाते थे, जिससे नाम तियानचियाओ पड़ा। बाद में, वह खूब चहल-पहल वाला इलाका हो गया जहां लोक कलाओं के खुले में प्रदर्शन होते हैं। इस कारण, वह बीजिंग में शाही संस्कृति व लोक संस्कृति, दोनों के लिए ही एक प्रतिष्ठित जगह बन गयी।

आज, हालांकि खुले में प्रदर्शन गायब हो चुके हैं, फिर भी देयुनशे जैसे लोक कलाओं व ऑपेरा को समर्पित मंडलियां आज भी वहां आने को इच्छुक रहती हैं। मधुशालाओं में नषा, पारम्परिक गीतिनाट्य में ढोल की थाप और तियानचियाओ के बाजार की चहल-पहल में पर्यटक वहां से जाने को अनिच्छुक रहते हैं। पारम्परिक कलाएं एक पीढ़ी से दूसरी तक हस्तांतरित हो कर तभी तक जीवित रह सकती हैं यदि आम लोग को उनका आनन्द लेने का अवसर मिले।

एक भव्य, सुरुचिपूर्ण संगमरमर की नक्काशी।

ओपेरा और बैले को एकीकृत करने वाली एक भव्य सजावट।

नीले क्रिस्टल की बदलती चमक युवा कलाकारों के सपनों को चमकाती है।

डूबते सूरज में सुनहरा दरवाज़ा चमकता है।

10

गोंगटी नॉर्थ रोड, चाओयांग जिला

कार्मिकों की व्यायामशाला में संगीत कार्यक्रम का आनंद लें

कुछ लोगों का मानना है कि जो गायक कार्मिकों की व्यायामशाला में एकल प्रदर्शन करने की हिम्मत करते हैं, उनमें दोनों, प्रतिभा व खासी लोकप्रियता होगी। अगर 15 हजार कुर्सियों में से कई खाली रहें तो निस्सन्देह एक अजीब से स्थिति हो जाएगी। चाओयांग जिला के सानलितून में गोंगटी उत्तर मार्ग पर स्थित, यह व्यायामशाला, अप्रैल 1961 में बीजिंग में आयोजित 26वीं

विश्व टेबल टेनिस प्रतियोगिता के लिए निर्मित की गयी थी। यह पहला खेल स्थान है जिस पर एक डाक-टिकट भी जारी किया गया। आज, अन्य विभिन्न खेल स्थानों के साथ, कार्मिकों की व्यायामशाला में भी महत्वपूर्ण कला प्रदर्शनों का आयोजन होता है। व्यायामशाला में होने वाले प्रदर्शनियों की अनुसूची देखते रहें, हो सकता है कि आपका कोई पसंदीदा पॉप गायक ही वहां किसी शो की योजना बना रहा हो।

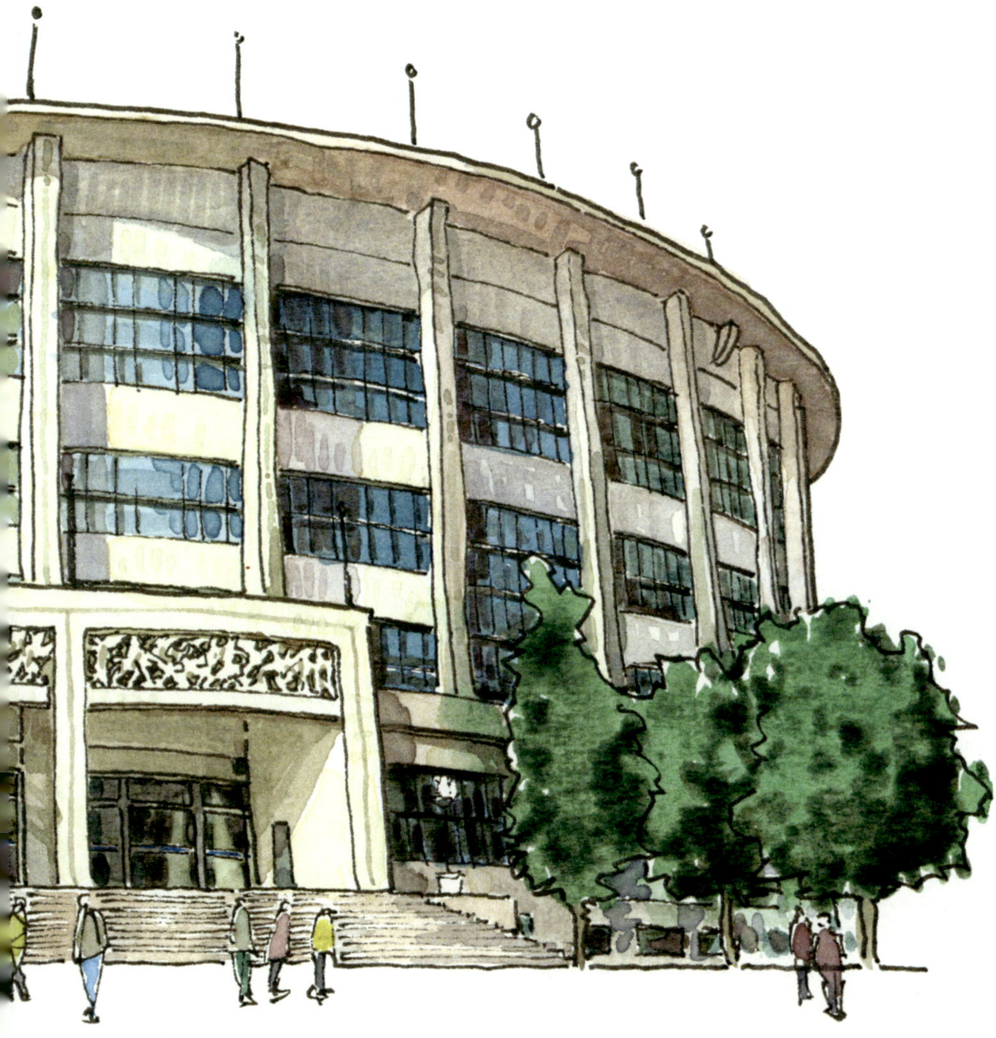

11

ए1 दाचेंग स्ट्रीट, टोंगझोउ जिला

टोंगझोउ के "तीन मन्दिर व एक पगोडा" में बजने वाली पवन घंटियों को गिनें

बीजिंग के टोंगझोउ जिला में एक चीज जिसे छोड़ा नहीं जा सकता है, वह है लुओशीजूयान'अर, शियाओलू रेस्तरां में पेश पारम्परिक गेंहू की पेस्ट्री। रेस्तरां से कुछ ही दूरी पर टोंगझोउ का प्रसिद्ध "तीन मन्दिर व एक पगोडा" है। ये हैं, कन्फ्यूशियस मन्दिर, यूशिंगजाओ मन्दिर, जीकिंग ताओ मन्दिर व दीपांकर पगोडा। उत्तरी जाओ राजवंश (557-581) में पहले निर्मित, घने छज्जे वाला दीपांकर पगोडा वर्तमान में सबसे ऊंचा प्राचीन पगोडा है। स्थानीय निवासियों की पीढ़ी की पीढ़ी के लिए वह वंदनीय है। जब मैं बच्चा था, यह स्थान जीहाईजी उद्यान कहलाता था जो एक लोकप्रिय पर्यटक गंतव्य था। मेरी उम्र के लगभग प्रत्येक टोंगझोउ निवासी की पगोडा में एक फोटो तो है। बड़े होने पर, मैं जब भी निराशा से घिर जाता तो वहां पवन घंटी (विंड चाइम) के संगीतमय स्वर का आनन्द लेने जाने लगा, जिससे मैं आंतरिक शांति पुनः महसूस करता। पगोडा में कितनी घंटियां हैं? अगर आप के पास समय है तो खुद ही गिन लें। वर्षों पहले, मरम्मत के दौरान किए गए सर्वेक्षण के अनुसार, पगोडा में 424 बौद्ध प्रतिमाएं हैं और 2258 पवन घंटियां।

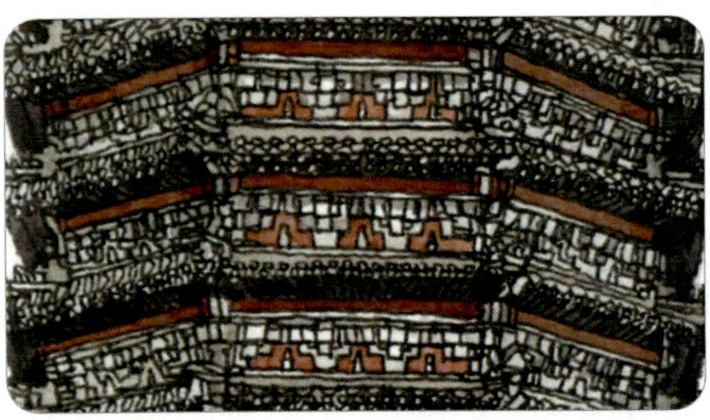

तीन मंदिर और एक शिवालयरू एक ठोस बहु-ईव ईंट शिवालय।

एक अष्टकोणीय बौद्ध शैली का आधार।

红 砖 美
RED BRICK ART

अध्याय 6

सभ्य-सुलझे आदमी का जीवन

01

16 पूर्वी चांगान एवेन्यू, डोंगचेंग जिला

चीन के राष्ट्रीय संग्रहालय में रखे दस राष्ट्रीय खजानों का आनंद लें

किसी बारिश या ऐसे दिन जब तेज हवा चल रही हो और आप सिर पर अलग-अलग तरह की टोपियां लगाए उन्मादी लोगों के एक झुण्ड को तियानानमेन भूतल स्टेशन से मधुमक्खियों की तरह बाहर आते और 'तियानानमेन रोस्ट्रम' या प्रतिबंधित शहर जाने के बजाय एक विशाल सफेद इमारत के आगे दो-किलोमीटर लंबी लाइन में इंतजार करते देखते हो तो निश्चित रहो कि वे चीनी राष्ट्रीय संग्रहालय देखने आए हैं। हाल के सालों में, संग्रहालय पर्यटकों का एक अति पसंदीदा गंतव्य बन गया है। प्रमुख प्रदर्शनियों के अवसर पर तो अत्यधिक भीड़ से बचने के लिए चीनी राष्ट्रीय संग्रहालय को आगुंतकों की संख्या सीमित करनी पड़ती है। देश के सांस्कृतिक अवशेष, उसकी सभ्यता के गवाह होते हैं। चीनी राष्ट्रीय संग्रहालय में कुछ राष्ट्रीय खजाना तो वहां स्थायी रूप से प्रदर्शित हैं, जैसे मानव चेहरे वाली मिट्टी से रंग की गयी चिलमची व चीनी इतिहास पाठ्य पुस्तकों में दर्ज मछलियों के स्वरूप। इनके अलावा, चीनी राष्ट्रीय संग्रहालय हर हफ्ते या महीने, नियमित तौर पर सांस्कृतिक अवशेषों की प्रदर्शनियां लगाता रहता है। संग्रहालय के लिए समय निकालें, देखने लायक है।

संग्रहालय के ऊपर विशाल लाल तारा।

संग्रहालय के बाहर भव्य स्तंभ।

संग्रहालय में रखे खजाने अनगिनत आगंतुकों को आकर्षित करते हैं।

फ्लोर स्पेस के मामले में, यह दुनिया का सबसे बड़ा एकल-भवन संग्रहालय है।

02

18 हुवेइली, चाओयांग जिला

पंजियायुआन "घोस्ट मार्केट" में खरीदारी करें

पंजियायुआन पुरानी चीजों के बाजार को "भूत बाजार" क्यों कहा जाता है, यह समझाना कुछ ज्यादा लंबा हो जाएगा। इसका, बाजार का "भूतिया" होने से कोई संबंध नहीं है बल्कि वह उपनाम बीजिंग में पुरावस्तुओं के व्यापार की परम्परा पर आधारित है। चिंग राजवंश के उत्तरकाल व चीनी गणराज्य के शुरुआती दौर में कुलीन परिवारों की गिरती माली हालात के चलते, उनके वंशज आज की पनजियुन की गलियों में अपने पूर्वजों से हासिल दुलर्भ पुरावस्तुओं को बेचकर अपना गुजारा चलाते थे। शर्म से बचने के लिए वे सुबह होने से पहले ही, अपना सामान बेचने आते। जो गरीब होते वे अंधेरे में रोशनी के लिए चकमक पत्थर से काम चलाते जब कि जो कुछ अमीर होते वे लालटेन इस्तेमाल करते। मंद रोशनी में, विक्रेता व खरीदार लहराते भूतों की तरह लगते, जिससे प्रेरित होकर ही "भूत बाजार" उपनाम पड़ा। यहां हर संभव पुरावस्तु जैसे लेखन सामग्री, प्राचीन किताबें, सुलेख, चित्रकला, जेवरात, पुराने चीनी व विदेशी नोट व सिक्के, छाया कठपुतलियां, मुखौटे, जातीय परिधान, सांस्कृतिक अवशेष, कंगन, आदि। साथ में टार्च जरूर लाएंगे तो आपको गंभीरता से लिया जाएगा।

30元/对
50元 2对

03

दक्षिण सिन्हुआ स्ट्रीट, ज़िचेंग जिला

लियुलीचांग में सुलेख व चित्रकला का आनंद लें

प्राचीन चीनी किताबों, चित्रकलाओं व सुलेख कार्य के प्रेमियों के लिए लियुलीचांग एक "तीर्थ स्थान" है। हेपिंगमेन के बाहर यह 800 मीटर लंबी सड़क ल्युशिएंग गली से येनशाओ मार्ग तक फैली है। हालांकि आज वे कमोबेश एकदम नजर नहीं आते, मगर सड़क के दोनों ओर साधारण से घरों में कभी पू यी, जेंग बोजू व लिएंग किचाओ जैसे पूर्व 20वीं शताब्दी के चीनी संस्कृति के जाने-माने लोग रहा करते थे। किसी भी अवराचीन दुकान में प्रवेश करना चकाचौंध करता है। वे राष्ट्रीय खजानों को युद्ध के समय छिपकर बचाते थे जो अब उपरली मंजिलों में संग्रहालयों में रखे हैं। आज लियुलीचांग न सिर्फ बीजिंग बल्कि चीन का ही एक महत्वपूर्ण सांस्कृतिक स्थान है। चाइना बुकस्टोर से नीचे की तरफ चलें तो रोंगबाओजाई, यिडिगे व कई अन्य अति पुरानी दुकानें मिलेंगी। एक दुकान को लेकर लोगों में जरूर कुछ मतिभ्रम होता है, जिसके बोर्ड पर "चैंग गुआन" (शब्दार्थ, शहरी प्रबंधन) लिखा है जिसे असल में दाहिने से बांये "गुआन चैंग" पढ़ा जाना चाहिए, जो कलम-पेन की एक दुकान है!

यह क्षेत्र कई चिर-सम्मानित दुकानों का केंद्र है।

प्राचीन पुस्तकों, सुलेख और चित्रकला के प्रेमियों के लिए स्वर्ग।

एक ग्राहक सूरज की रोशनी में एक पेंटिंग की जांच करता है।

ष्अध्ययन के चार खजानोंष में विशेषज्ञता वाला एक स्टोर।

1922
荣宝拍卖

04

19 लिउलीचांग वेस्ट स्ट्रीट, ज़िचेंग जिला

रोंगबाओजाई में वसंत में प्राचीन वस्तुओं की नीलामी के पूर्वावलोकन का आनंद लें

पर्यटक किसी वातानुकूलित कमरे में हों, वाई-फाई की सुविधा हो, मुफ्त की एक कप चाय पी रहे हों और सांस्कृतिक अवशेषों को भी निहार रहे हों। हो सकता है वे अवशेषों को छू भी सकते हों और अगर वे वहां किसी को जानते हों तो मुफ्त में खाना भी खा सकते हैं। ऐसा सब कहां हो सकता है? यह जगह कोई संग्रहालय नहीं बल्कि बीजिंग के प्रमुख नीलाम घरों द्वारा आयोजित वसंत व शरद में नीलामी का दिन है। रोंगबाओजाई, लियुलीचांग में एक साधारण दुकान हुआ करती थी। अगर आपका कोई दोस्त फोन पर रोंगबाओजाई का "रोंगबाओ भवन" के नाम से दिशा भेजे, तो आप किसी गगनचुम्बी इमारत की उम्मीद न करें। दरअसल, "रोंगबाओ भवन" एक-मंजिला ढांचा है जो आसपास के बंगलों से थोड़ा ही बड़ा है। चूंकि भवन में जगह सीमित है, अतः वसंत व शरद की नीलामियों का पूर्व आयोजन अमूमन किसी पांच-सितारा होटल में किया जाता है। शायद यह निषुल्क पूर्व आयोजन सही तरीका है कि युवाओं रोंगबाओजाई ,को जानें।

रोंगबाओझाई एक समय-सम्मानित स्टोर है जो ष्अध्ययन के चार खजानोंष में विशेषज्ञता रखता है जो दुनिया भर में प्रसिद्धि प्राप्त करता है।

रोंगबाओझाई का मुख्य द्वार।

रोंगबाओझाई की इमारत के ऊपर एक लाल झंडा लहरा रहा है।

प्रदर्शन पर सुलेख और पेंटिंग।

05

115 ईस्ट लियुलीचांग स्ट्रीट, ज़िचेंग जिला

चाइना बुकस्टोर से पुरानी किताबें खरीदें

लियुलीचांग के प्रवेश पर चाइना बुकस्टोर को लेकर यह अनुमान न लगाएं कि वह सिर्फ किताबें ही बेचता है। वह चीन की ऐतिहासिक किताबों व पत्रिकाओं की छंटाई, संरक्षण, प्रतिकृति बनाने का काम भी करता है। 1956 में कई निजि किताब की दुकानों का चाइना बुकस्टोर में विलय हुआ। चूंकि, देखा गया कि प्राचीन किताबों का प्रसार लगातार कम होने लगा, तो 1978 में चाइना बुकस्टोर पारम्परिक काष्ठ-ब्लॉक व ऑफसेट मुद्रण तकनीक से प्राचीन किताबों की प्रतिकृति तैयार करने लगा। अब तक, 69 लाख प्रतियों की प्रतिकृतियां बना दी गयी हैं जिनमें *ए कलैक्शन ऑफ ट्यून्स ऑफ सी पोयम्स* तथा *फोर-स्क्रिप्ट डिक्शनरी* भी हैं जो इस दुकान का सर्वाधिक मूल्यवान खजाना माना जाता है। बुकस्टोर ने *कलैक्शन ऑफ रेयर लोकल हिस्टॉरिकल रिकॉर्ड्स* और *शीजूजाइ हैंडबुक ऑफ केलिग्राफी एंड पेंटिंग* जैसे बेहतर-संरक्षित प्रकाशनों का भी एकत्रण किया है। पढ़ना सौंदर्य को बढ़ावा देता है। लियुलीचांग जाओ तो चाइना बुकस्टोर जाना न भूलें जहां रखी प्राचीन किताबों से आप खुद को, दुनिया को और जीवन को बेहतर समझ सकेंगे।

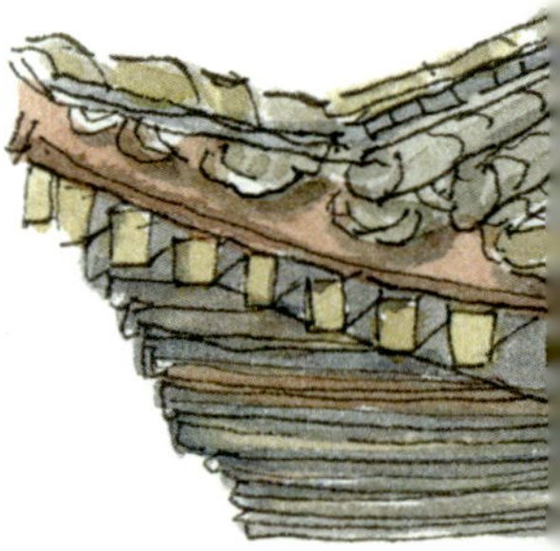

चाइना बुकस्टोर का साइनबोर्ड।

फीका लाल रोगन वाला दरवाज़ा और घिसी-पिटी पत्थर की सीढ़ियाँ पर्यटकों को अतीत में ले जाती हैं।

中国书店
海王村市场

06

171 सोंगजुआंग ईस्ट स्ट्रीट, टोंगझोउ जिला

सोंगजुआंग में वंचित कलाकारों के साथ खेलें

बीजिंग की सबसे खूबसूरत विशेषता है उसकी सांस्कृतिक समग्रता। यह शहर सुप्रसिद्ध चित्रकारों का घर है, जिनकी चित्रकला वसंत की नीलामी में 10 करोड़ युआन से भी अधिक में बिकती हैं। साथ ही, जिन गरीब कलाकारों की समृद्ध इलाकों में घर लेने की हैसियत नहीं, वे पूर्वी पांचवीं रिग रोड के बाहर सोंगजुआंग गांव में रहते हैं। 1994 में चित्रकारों का एक समूह सोंगजुआंग में बसने लगा क्योंकि वो शहरी भीड़-भाड़ से बहुत दूर होते हुए भी चीन की सांस्कृतिक राजधानी,

बीजिंग का ही हिस्सा था। वहां कई घर, काली ईंट की दीवारों व स्लेटी खपरैल की छतों वाले खुले-खुले सिहेयुआन हैं, जहां अपने खाली समय में चित्रकार आराम से धूप सेक सकते हैं। हाल के वर्षों में, किताबों की कई छोटी दुकानों को चलाए रखने में मुश्किलें आ रही हैं। दो साल हुए जब सोंगजुआंग में एक आधुनिक चित्रकला की किताब की दुकान बीपब बुकस्टोर का बंद होना अखबार में मुख्य खबर बना। उस दुकान का मालिक एक सुलेखक था, जिसने कला और धन के प्रति अपना जुनून त्याग बौद्ध धर्म अपना लिया।

पारंपरिक ईंटों और आधुनिक धातु संरचना के बीच टकराव।

एक विविध समकालीन कला भंडार।

इमारत के ष्वर्गष और ष्गोलष तत्व चीनी साहित्यकारों के जीवन दर्शन को प्रदर्शित करते हैं।

एक समसामयिक कला प्रदर्शनी का संकेत।

07

2 जियुशियानचियाओ रोड, चाओयांग जिला

798 कला जिले की भूलभुलैया में खो जाओ

जब मैं बच्चा था, उस समय बीजिंग में छाओयांग जिला के दशानह़ी इलाके में आये दिन यातायात जाम लगा रहता था। लगभग रातों-रात, दशानही का नाम बदल कर 798 कला जिला हो गया। परित्यक्त कारखानों में स्थित, कला जिला को "समकालीन कला का संयुक्त राष्ट्र" कहा जाता है। कला जिला के सर्वाधिक प्रेमी उसे, महान दीवार व प्रतिबंधित शहर के समकक्ष, बीजिंग का एक प्रमुख आकर्षण केन्द्र मानते हैं। यहां अन्य दो आकर्षण बीजिंग का

इतिहास दर्शाते हैं, जबकि 798 बीजिंग के समकालीन कला का प्रतिनिधित्व करता है – वाकई एक शहर जो अपने आप में उद्योग व कला, अतीत व भविष्य को समावेष करता है। निस्संदेह, 798 कला जिला, चीन के समकालीन, रचनात्मक व कलात्मक पहलुओं को प्रदर्शित करता है। एक अफवाह है कि लिफ्ट चालकों ने एक बार एक उत्तर-आधुनिक कला को कुड़े में फेंक दिया था। कला का आनन्द लेने व उस पर चर्चा करने के लिए 798 कला जिला एक आदर्श जगह है।

पेस बीजिंग का सरल लेकिन सुंदर साइनबोर्ड।

प्रदर्शन पर विशिष्ट रचनात्मक उत्पाद।

चित्रकला प्रदर्शनियों के लिए एक स्मारक।

एक आधुनिक कला स्थान जो बाउहहस-शैली के पौधे से बदल गया।

08

1704 संस्कृति और कला न्यू स्ट्रीट, चाओयांग जिला

चीनी तैलीय चित्रकला अकादमी में एक कलाकार के रूप में तैयार होने के लिए बरसाती कोट पहनें

चीनी तैलीय चित्रकला अकादमी में खींची सेल्फी को दिखा कर आप विदेश हो आने की गप्प झाड़ सकते हो। अगर सोशल मीडिया में आपकी कोई तस्वीर दिखती है जिसमें पृष्ठभूमि में एक सफेद गिरजाघर है, तो जरूरी नहीं है कि वो किसी पश्चिम देश में खींचा चित्र हो; वह पूर्व 5वीं रिंग रोड के पास गाओबीडियन में चीनी तैलीय चित्रकला अकादमी के सामने लिया गया चित्र हो सकता है। नीला आकाश और सफेद बादलों के सामने, सघन चीड़ के पेड़ों के बीच, गिरजाघर सुन्दर व सोहार्दपूर्ण दिखता है तथा स्पष्ट रेखाएं, सीढ़ीदार जीना और नुकीली मीनार से वह अनोखा व विदेशी लगता है। गिरजाघर की प्रभावपूर्ण बाहरी सफेद दीवार उसे छायाकारी के लिए एक आदर्श विषय बनाती है, चाहे वह आगे की ओर या पृष्ठभूमि में हो। कुछ लोग तो जोर देकर यह कहते हैं कि इस गिरजाघर ने बीजिंग की पूरी की पूरी धूप घर कर ली है।

चाइनीज एकेडमी अहफ अहयल पेंटिंग की सफेद इमारत में न्यूनतम शैली है।

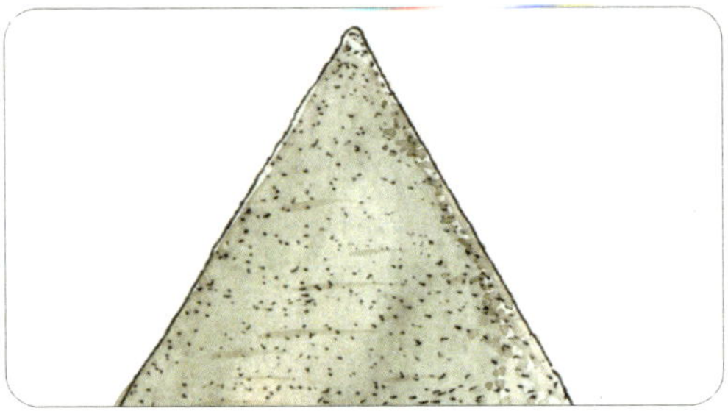

यह मनमोहक इमारत पर्यटकों के लिए सेल्फी लेने का एक लोकप्रिय स्थान बन गई है।

इमारत में एक नुकीला शिखर है।

एक विस्तारित सीढ़ी।

09

अंतर्राष्ट्रीय कला क्षेत्र, नंबर 1 हेगेजुआंग, चाओयांग जिला

लाल ईंट कला संग्रहालय की दीवारों पर धूप की किरणों का आनंद लें

दक्षिणी चीन का एक गाना है जिसकी एक पंक्ति कुछ इस तरह हैए "तुमने कहा कि तुम्हारी हथेली पर चमकती शरद की धूप का हर इंच एक इच्छा का प्रतिनिधित्व करता है", मगर मुझे लगता है कि यह उत्तर के दृश्य का ज्यादा वर्णन करता है। माचुआनयिंग भूमिगत स्टेशन से कुछ ही मिनट की दूरी पर लाल ईंट कला संग्रहालय है। कुछ लोगों का मानना है कि जीवन चक्र इस निजि संग्रहालय की लाल ईंट की दीवारों पर चमकती सूरज की किरणों से उत्पन्न होता है। धूप की रोशनी के बदलते कोणों से लाल ईंटों पर धूप की रेखा भी बदलती रहती है। कमरे के अन्दर व बाहर विपरीत रंगों में संग्रहालय एक फारसी बिल्ली की आंखों सा दिखता है जो माहौल को रहस्यमय सा बनाता है। आप धूप का पीछा करते पेड़ होने का नाटक कर सकते हो। किरणों का पीछा करना, यह समकालीन लेखक ची जिनयेन की एक कविता की याद दिलाता है, "अपने नंगे पैरों से आप अपने हृदय के लिए एक ठौर ढूंढते हो। जीवन एक उलटी यात्रा है – एक कश्ती की तरह आप एक तिनके के सहारे गंतव्य पर पहुंचते हो।"

लाल ईंट कला संग्रहालय का चिन्ह।

हरा पेड़ और लाल ईंट की दीवार एक दूसरे से अलग हो गए।

सूरज की रोशनी में लाल ईंटें।

ज़मीन बादलों जैसी दिखती है।

सेंट्रल एकेडमी अह्फ फाइन आर्ट्स चीन का एक प्रतिष्ठित कला महाविद्यालय है।

धूसर वास्तुशिल्प परिसर एक शांत वातावरण प्रदर्शित करता है।

10

8 हुजियादी साउथ स्ट्रीट, चाओयांग जिला

केन्द्रीय ललित कला अकादमी में सच्चा प्यार पाएं

चीन में कई कला विद्यालय हैं, लेकिन कम ही हैं जिनका इतिहास इतना रोमांचक होगा जितना कि केन्द्रीय ललित कला अकादमी का। हुआज्यादी दक्षिण मार्ग पर स्थित यह छोटी सी अकादमी देश का पहला राष्ट्रीय कला विद्यालय है जिसने चीन में आधुनिक कला शिक्षण की शुरुआत की। उसका पूर्ववर्ती, राष्ट्रीय बीपिंग कला महाविद्यालय, सुप्रसिद्ध शिक्षक चई युआनपे द्वारा 1918 में स्थापित राष्ट्रीय बीजिंग कला विद्यालय हो सकता है। प्रतिष्ठित चीनी कला शिक्षक चैंग चिन, अकादमी के पहले अध्यक्ष रहे। केन्द्रीय ललित कला अकादमी कई प्रतिष्ठित परियोजनाओं के स्वरूप व रचना में भागीदार रहा जो चीनी जनवादी गणतंत्र के इतिहास में मील का पत्थर घटनाएं रहीं, और जिनमें हैं चीनी मुद्रा का डिजाइन, *संस्थापन समारोह (द फाउन्डिंग सेरिमनी)* चित्र तथा लोक नायकों को समर्पित स्मारक। अगर आप हुआजियादी से गुजर रहे हों तो अकादमी के प्रांगण में भी घूमें। शायद रेखाचित्र पुस्तिका थामे कला विद्यार्थियों में आप प्रेम खोज लें।

एक युवा छात्रा जिसके हाथ के नीचे एक स्केचपैड है।

कक्षा में कला का अभ्यास करते युवा छात्र।

11

बिनहे साउथ रोड, टोंगझोउ जिला

टोंगझोउ के "सांस्कृतिक अन्नागार" का आनंद लें

जब मैं बच्चा था, दोंगचेंग व शीचेंग जिलों में रह रहे अपने साथियों के साथ रात, पारम्परिक गीतीनाटक व अन्य प्रस्तुतियां देखना बिल्कुल अच्छा नहीं लगता था। चाहे तियानचियाओ में छोटी रंगषालाएं हों या राष्ट्रीय प्रदर्शन कला केन्द्र, प्रस्तुतियां रात साढ़े नौ बजे खत्म होती थीं। मेरे सहपाठियों को तो घर पहुंचने में सिर्फ आधा ही घंटा लगता था, लेकिन मैं जो उन दिनों उपनगरीय जिला टोंगझोउ में रहता था, मेरे लिए वापस घर लौटना लंबा और थका देने वाला होता था। मुझे भीड़ में भूमिगत रेल लेनी पड़ती थी और जब तक मैं घर पहुंचता, पसीने से तरबतर हो जाता। उन दिनों, टोंगझोउ में कम ही रंगषालाएं, वाचनालय या संग्रहालय हुआ करते थे और कहीं भी पहुंचने के लिए मुझे बहुत घूम-फिर कर जाना होता था। आज *प्राचीन*

नहर का चित्र में दर्शायी गयीं किषतियां व जलदृश्य, टोंगझोउ में सांस्कृतिक संसाधनों के तौर पर उभर चुके हैं, जिसे अब बीजिंग नगरपालिका प्रशासन केन्द्र के तौर पर भी जाना जाता है। "नहर किष्ती" इमारत, जो जहाज के आकार सी मिलती-जुलती है, वहां अब राजधानी संग्रहालय (पूर्व) स्थित है। "जंगल में किताबघर" उपनाम से प्रचिलित, बीजिंग नगरपालिका प्रशासन केन्द्र के वाचनालय में प्राचीन पुस्तक हॉल, अमूर्त सांस्कृतिक विरासत हॉल, खुला पठन क्षेत्र व सुजान पुस्तकालय हैं, जो सब आम जन के लिए खुले हैं। मैं इस बात से और भी प्रभावित हुआ कि पूरा जिला ही एक विशाल "सांस्कृतिक अन्नागार" का स्वरूप लिए है जहां एक 1800 सीट क्षमता का ऑपेरा गृह, एक 1600 सीट वाला संगीत समारोह हॉल और एक 1000 सीट वाला थिएटर हैं। टोंगझोउ में अब सांस्कृतिक स्थल प्रचुर संख्या में हैं।

12

बिल्डिंग 9, तियानचियाओ साउथ स्ट्रीट, ज़िचेंग जिला

तियानचियाओ सांस्कृतिक केन्द्र में एक कलात्मक शैली का अनुभव करें

तियानचियाओ रंगषाला का जिक्र पिछले अध्यायों में भी किया गया है। अगर आप अभी भी सोचते हैं कि तियानचियाओ सिर्फ पारम्परिक गीतीनाट्यों व शांगशेंग (परिचर्चा) के लिए ही जगह है तो आपकी जानकारी पुरानी ही है। शहरी युवाओं के लिए तियानचियाओ सांस्कृतिक केन्द्र बाकायदा आधुनिक लोकप्रिय जगह बन चुकी है। नियमित तौर पर केन्द्र, नाटकों के मंचन के साथ, परस्पर संवात्मक विधाओं की एक पूरी श्रृंखला आयोजित करता रहता है। प्रत्येक सप्ताहंत, विषय आधारित प्रदर्शिनियां, सांस्कृतिक गोष्ठियां व कला प्रशिक्षण सत्र, आदि आयोजित किये जाते हैं। आप लोकप्रिय ऑपेरा के कलाकारों से मिल सकते हो, अंतरराष्ट्रीय ख्यातिप्राप्त रंगमंच निर्देशकों से चर्चा कर सकते हो और अगर आप किसी कला के बारे में

पूरी तरह अनभिज्ञ भी हो तो पेशेवर संगीतज्ञों से संगीत की बारीकियों का समझ ले, सराहना कर सकते हो। क्या ऐसी सांस्कृतिक गतिविधियां मंहगी नहीं होती? बीजिंग में रहने के काफी फायदे हैं। अधिकांश गतिविधियां पंजीकृत सदस्यों को निषुल्क प्रवेश देते हैं, मगर आपको अग्रिम आरक्षण करने की जरूरत पड़ सकती है क्योंकि कुछ छोटे सभागारों में 15 से 30 सीटों की ही क्षमता होती है। हां, अगर आपने आरक्षण किया है पर जा नहीं पा रहे हो तो आरक्षण रद्द करना याद रखें। रद्द न करना आपको आरक्षण की भावी सुविधा से वंचित कर सकता है। यह, प्रलोभक लग रहा है? तो सीधे बीजिंग जाएं और जानकारी मालूम करें।

तियानकिआओ सांस्कृतिक केंद्ररू तियानकिआओ सांस्कृतिक केंद्र का बाहरी भाग।

तियानकियाओ सांस्कृतिक केंद्र का प्रवेश द्वार।

国粹文化游
走进新

अध्याय 7

रोमांचक "साहसिक कार्य"

0 1

38 चियानमेन स्ट्रीट, डोंगचेंग जिला

डुयिचू रेस्तरां में शाओमाई और तली हुई तिकोनी पकौड़ी का स्वाद लें

चिंग राजवंश के सम्राट चियानलोंग के शासन के तीसरे साल 1738 में, चियानमेनवाई मार्ग पर षेनयूको के दक्षिण में सांक्षी के श्री वांग ने नाश्ते का एक रेस्तरां खोला, जो कि आज के डुयिचू रेस्तरां का पूर्ववर्ती था। सम्राट टोंगजे के शासन के दौरान, डुयिचू *शाओमाई* की पेशकश करने लगा जिसके पतले आवरण व प्रचुर भरवा तथा बेहतरीन स्वाद के चलते रेस्तरां खूब लोकप्रिय हुआ। रेस्तरां में ढेर सारी लकड़ी की काली कुर्सियां, कांच-चढ़े टेबल व चीनी मिट्टी के सफेद बर्तन होते हैं। रेस्तरां, पूरे दिन खाने वालों से भरा रहता है। शाओमाई के अलावा, खाने के पारखी तले हुए तिकोने भरवा पकोड़े का भी आर्डर देते हैं, जो डुयिचू की सर्वप्रथम पेशकश थी। ये पकोड़े दिखने में उतने खास तो नहीं लगते लेकिन वहां नियमित खाने वाले लोग जानते हैं कि वे सिर्फ डुयिचू रेस्तरां में ही मिलते हैं। अतीत में, तियानचियाओ इलाके में जब पारम्परिक ऑपेरा खत्म होते तो डुयिचू में खासा भीड़ हो जाया करती थी। तब के नज़ारे आज से कहीं अधिक चहल-पहल वाले थे।

डुयिचू का चिन्ह बताता है कि रेस्तरां की स्थापना १७३८ में हुई थी।

प्रवेश द्वार पर स्थित मूर्तियां इतिहास का बोध कराती हैं।

02

दाशिलान कमर्शियल स्ट्रीट, ज़िचेंग जिला

दाशिलान में वांग ज़ीहे के खमीरीकृत बीनकर्ड (टोफू) खाएं

चिंग राजवंश के सम्राट कांग्शी के शासनकाल में, अन्हुई से आया एक परीक्षार्थी वांग जीही अपनी शाही परीक्षा में फेल हुआ। उसके पास घर लौटने के भी पर्याप्त पैसे नहीं थे। वांग ने अगली परीक्षा की तैयारी के लिए वहीं बीजिंग में ही ठहरना तय किया। पर चूंकि अगली परीक्षा में अभी कुछ साल थे, तो वांग ने आजीविका के लिए टोफू की एक दुकान खोली। नमकीन टोफू बनाने की कोशिश तो असफल रही मगर उस प्रक्रिया में उसने अनायास ही खमीरीकृत सेम पनीर का आविष्कार कर डाला। खमीरा हो जाने के बाद, सेम पनीर का रंग कुछ हरा सा और उसकी महक बहुत तीखी होती है पर स्वाद बेहद उम्दा होता है। आज जरूर, बहुत लोग सेम की दही की तीखी महक सहन नहीं कर पाते हैं। पर उस समय, रानी डाओहो सीक्सी को वह बहुत पसन्द आयी और उसने उसे "शाही हरा टुकड़ा" नाम दे डाला। उन दिनों, सेम पनीर आभार स्वरूप चिंग दरबार में भी भेजा जाता था। अगर आप दाशीलान से गुजर रहे हों, तो सेम पनीर बेच रहे वांग जीही की दुकान पर जरूर जायें।

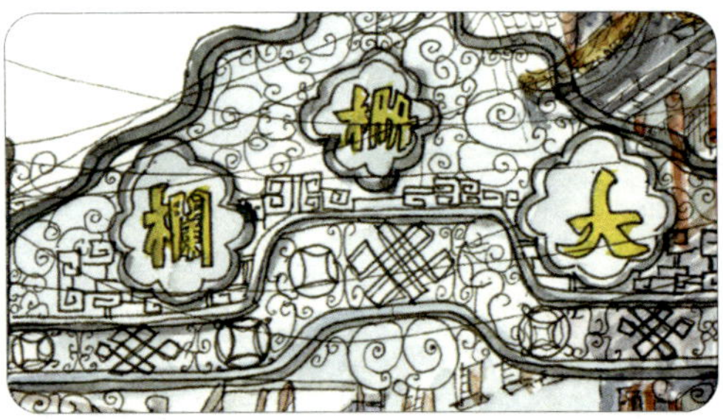

यूरोपीय शैली के लोहे के आभूषण पर सड़क का चीनी नाम "दशिलान" है।

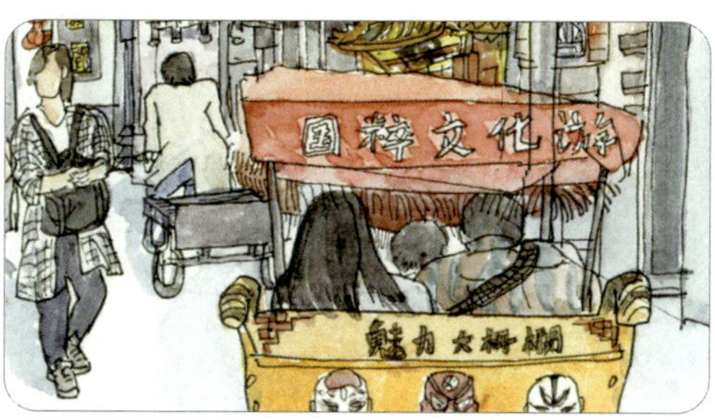

बीजिंग हटोंग में यात्रा के लिए पर्यटक रिक्शा लेते हैं।

लाल लालटेन पुनर्निर्मित कियानमेन स्ट्रीट में एक आकर्षक स्पर्श जोड़ते हैं।

03

डोंगजिमेनेई स्ट्रीट, डोंगचेंग जिला

गुईजी में गर्म और मसालेदार झींगा मछली (क्रेफ़िश) खाने वाले प्रवासियों की गिनती करें

प्राचीन चीन में, "गुई" खाद्य पदार्थ रखने के एक चौड़े, गोल आकार व दो हत्थे वाले बर्तन को कहते थे। इसी बर्तन पर एक सड़क का नाम रखा गया गुईजी जो निस्संदेह, देश-विदेश के खान-पान के शौकीनों के लिए स्वर्ग समान है। रात ढलते ही, डोंगजिमेन पुल से पश्चिम को जियाओदाओकु पूर्व मार्ग तक लालटेन जगमगाने लगते हैं। वहां हर रेस्तरां में गर्मागर्म व मसालेदार झींगा मछली मिलती है। कुछ लोग मजाक में कहते हैं, कि विदेशी लोगों के लिए स्थानीय लोगों के करीब आने का सबसे बेहतर तरीका है काओजी में गर्मागर्म व मसालेदार झींगा मछली साझा करना। काओजी के आसपास कई विदेशी राजदूतावास स्थित हैं, सो यह इलाका आमतौर पर बीजिंग में काम कर रहे विदेशियों से पटा रहता है। गर्मागर्म व मसालेदार झींगा मछली के एक कटोरे में चीन की समृद्धि समाहित है और उदासी में अचूक काम करती है।

ग्राहक रेस्तरां के बाहर सीटों का इंतजार कर रहे हैं।

रेस्तरां में पारंपरिक चीनी वास्तुकला शैली है।

प्लास्टिक के दरवाज़े के पर्दे के पीछे एक हलचल भरा रेस्तरां है।

गर्म और मसालेदार क्रेफ़िश की एक प्लेट सभी बुरे मूड को दूर करने के लिए पर्याप्त है।

胡大
胡大饭馆

04

99 चियानमेन स्ट्रीट, ज़िचेंग जिला

अर्गुओताओ संग्रहालय होंगशिंग संग्रहालय में प्रामाणिक बीजिंग सफेद शराब का स्वाद लें

आप किसी बीजिंगवासी को "शिआओ'अर" कहते सुने तो वह किसी का नाम नहीं ले रहा। अधिकांश मामलों में, उसका कहने का मतलब होता है "अर्गुओताओ" (शब्दार्थ, द्वितीय आसवन), एक तरह की चीनी सफेद शराब। बीजिंगवासियों को तीन चीजें बड़ा सुख देती हैं – महान दीवार जाना, भुनी बत्तख का स्वाद लेना और अर्गुओताओ पीना। बीजिंग आ रहे पर्यटकों को भी इन "तीन सुख" का शौक फरमाना चाहिए, जिनमें से अर्गुओताओ सर्वाधिक नशीला होता है। 99 चियनमैन मार्ग पर युआनशेंगाओ स्थल के द्वार पर एक सफेद पट्टिका टंगी है जिसका इतिहास चिंग राजवंश के सम्राट कांग्शी के शासन के दौरान तक आंका जा सकता है, और जिस पर स्वर्ण अक्षरों में लिखा है "चीन में अर्गुओताओ की सर्वप्रथम बोतल की जन्मस्थली"। यह शराब अर्गुओताओ क्यों कहलायी जाती है? उसे दो बार आसुत किया जाता है जिससे उसका स्वाद बेहतर हो जाता है। अगर आप चियानमेन से गुजर रहे हों तो युआनशेंगाओ स्थल पर अर्गुओताओ संग्रहालय जाएं। इस शराब की खुशबू दादा-पड़दादाओं के स्मृति में अमिट थी।

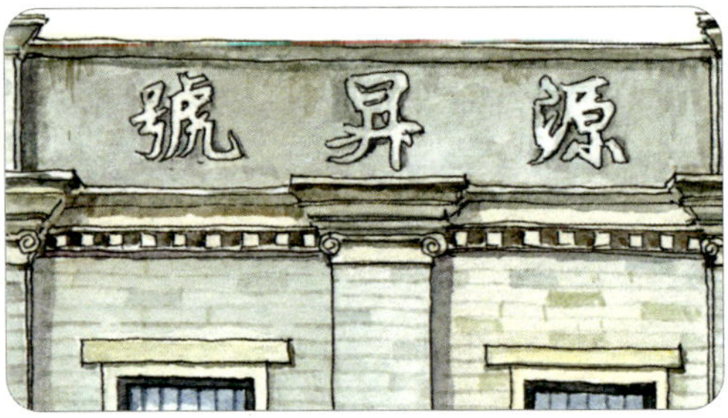

युआनशेनघाओ का चिन्ह।

प्रवेश द्वार पर वेटरों की कांस्य मूर्तियाँ।

एर्गुओटौ (शाब्दिक रूप से ष्दूसरा आसवनष) दो बार आसुत किया जाता है, जिससे इसका स्वाद बेहतर हो जाता है।

लकड़ी के दरवाजे के पीछे इस शराब की सुगंध दादा-परदादाओं की यादों में अंकित हो गई।

源昇號
二锅头发源地
中国第一瓶二锅头酒诞生地
源昇號
40

05

वूडाओयिंग हूटोंग, डोंगचेंग जिला

वूडाओयिंग की एक मधुशाला में एक मोटी बिल्ली के साथ मसखरी

किसी ने एक बार परिहास में कहा, "दूसरी रिंग रोड पर रह रहे लोग अंग्रेजी बोलते हैं; तीसरी रिंग रोड वाले विभिन्न बोलियों में बात करते हैं; चौथी रिंग रोड के आसपास के लोग मैण्डारिन में बतियाते हैं; और केवल पांचवीं रिंग रोड के बारह रह रहे लोग ही बीजिंग की बोली में बात करते हैं।" बिल्कुल, बीजिंग में रह रहे अनेक प्रवासी पुराने जिला में दूसरी रिंग रोड के पास, तंग गलियों में रहना पसन्द करते हैं। अतः लामा मन्दिर के आसपास व्यावसायिक गली वूडाओयिंग हूटोंग की दुकानों में आमतौर पर अंग्रेजी का चलन है। कुछ मधुशालाओं में वेटर, जापानी व कोरियाई भाषा तक में बात कर लेते हैं। आस-पास का माहौल साफ-सुथरा व मधुर है, यहां तक कि, मैत्री भाव में, पुरानी ईंटों तक में मुस्कान तराशे गए हैं, जो उस इलाके को आराम फरमाने के लिए सर्वथा उपयुक्त बनाता है। कुछ मदिरालयों पर "चेतावनी" वालें पोस्टर भी चस्पा होते हैं, जैसे "मोटे बिल्ले से सावधान, जो ग्राहकों पर मार व तिरस्कार कर सकते हैं!" बहरहाल, इलाके में इतना अदम्य आकर्षण है कि सुबह सड़को पर बत्ती बंद होने तक पूरी रात किसी मदिरालय में ही बैठे पीते रहने की आपकी इच्छा हो जाएगी।

मधुशाला में एक "चेतावनी" संकेत है: "मोटी बिल्ली से सावधान रहें, जो ग्राहकों को मार सकती है या तिरस्कृत कर सकती है"

इस गिटार के साथ तब तक गाथागीत बजाएँ जब तक कि सभी स्ट्रीट लैंप बुझ न जाएँ।

दीवार पर एक अंग्रेजी मेनू. वेटर उन ग्राहकों को भी समझ सकते हैं जो जापानी या कोरियाई भाषा में अहर्डर करते हैं।

मधुशाला में सब कुछ साफ-सुथरा और आरामदायक दिखाई देता है।

06

हुआंगचेंग्गेन के पास, 3 शाटन नॉर्थ स्ट्रीट, डोंगचेंग जिला

गर्मियों की हवा का आनंद लेते हुए हुआंगचेंग्गेन की एक गली में छिपे मदिरालय में क्राफ्ट बियर पियें

"गर्मियों की बयार मंद गति से बहती, मेरे बालों और कानों को छू कर गुजरती है . . ." यह एक गाने की पंक्ति है जो मेरी किशोर अवस्था में खूब लोकप्रिय हुआ करता था। अब हालांकि वह गाना ज्यादा सुनायी नहीं देता, पर जब भी हवा मेरे चेहरे को छूकर गुजरती है, मुझे उन गर्मियों में हुआंगचेंग्गेन की गली से बहती हवा के समय का वह गाना याद आता है। हुआंगचेंग्गेन की गलियों में कई जाने-माने रेस्तरां व मदिरालय हैं। कोई भी रेस्तरां या मदिरालय जितना छिपा हुआ होगा – खासकर वे जिनके दरवाजे पर एक छोटे लिखे नाम के अलावा कोई पट्टिका भी नहीं होती – वे आपको उतनी ही अधिक अचरज करने वाली पेशकश करेंगे। "क्राफ्ट बीयर संग्रहालय" नामक मदिरालय तो इतना गोपनीय है कि आगुतंकों को अन्दर जाने के लिए एक पासवर्ड की जरूरत पड़ती है। पारम्परिक अहाते में, बांस की टट्टी के परे, फर्श से छत तक लगायी सैकड़ों बीयर की बोतलों को देख आप दंग रह जायेंगे। मदिरालय, एक लघु ब्रह्मंड की तरह, पूरा काले रंग में है, और वे बीयर की बोतलें मानों रात के अंधेरे आकाश में डोलते ग्रह व सितारें हों। मदिरालय की मद्विम रोशनी में, फ्रांसीसी खिड़कियां किसी स्वप्निल आभा सी चमकती हैं। हुआंगचेंग्गेन की पुरानी गलियां हमारे दादा-पड़दादाओं के स्वप्न का प्रतिनिधित्व करती होंगी, मगर मदिरालय में हॉप पौधे की महक आज के युवाओं का जुनून दर्शाती है।

बार का लो-प्रोफ़ाइल साइनबोर्ड केवल उन ग्राहकों को प्राप्त करता है जो पहले से आरक्षण कराते हैं।

छत पर लगी ग्रे टाइलें हुआंगचेंगगेन हटोंग के इतिहास की गवाह हैं।

C2H60
C2H60

07

322 डोंग्सी नॉर्थ स्ट्रीट, डोंगचेंग जिला

डोंगसी में कोंग यिजी रेस्तरां में बर्फीले दिन पर चावल की शराब का पान करें

"बाहर, लगता है, आज शाम बर्फ पड़ेगी," तांग राजवंश के कवि बाई जूई ने लिखा; "तो कैसा रहेगा, भीतर मदिरा का एक गिलास हो जाये?" जब भी मैं कवि बाई जूई की ये पंक्तियां पढ़ता हूं तो मैं वह क्षण याद किये नहीं रह पाता जब जाड़ों के किसी दिन कोंग यिजी रेस्तरां में चावल की बनी गर्म शराब ने मेरे होंठो को छुआ था। यह रेस्तरां बीजिंग के डोंगसी इलाके में है। मिंग राजवंशकाल के दौरान, वहां चौराहे पर लकड़ी के बने चार स्तम्भ व तीन ओर से खुले चार स्मारक तोरणद्वार हुआ करते थे। शाही शहर से पूर्व की ओर स्थित, इन्हें संयुक्त रूप से डोंगसी

(चार पूर्वीय) तोरणद्वार के नाम से जाना जाता था। उनके बनने के बाद इलाके का नाम ही डोंगसी पड़ गया। चेचियांग व्यंजन, कोंग यिजी रेस्तरां की विशेषता हैं। पारम्परिक रूप में, चेचियांग व्यंजन, लू यू की कविता *फीनिक्स हेयरपिन* में वर्णित पीली शराब व पेस्ट्री की तरह कोमल व नाजुक। मगर, बीजिंग में आने के बाद कोंग यिजी रेस्तरां पर उत्तरी चीन का सीधा-सीधा प्रभाव पड़ा। कद्दू-कस किये अदरक व परिरक्षित पुलम, केकड़े की चटनी के साथ गोश्त के गोले . . . हालांकि रेस्तरां में उपलब्ध आहार व पेय, दक्षिणी चीन की होते हैं, मगर ग्राहक उत्तरी चीन की भावनाओं के आलिंगन में होते हैं। दोस्तों के साथ इस रेस्तरां में आयें और एक गिलास लाल मदिरा का स्वाद लें।

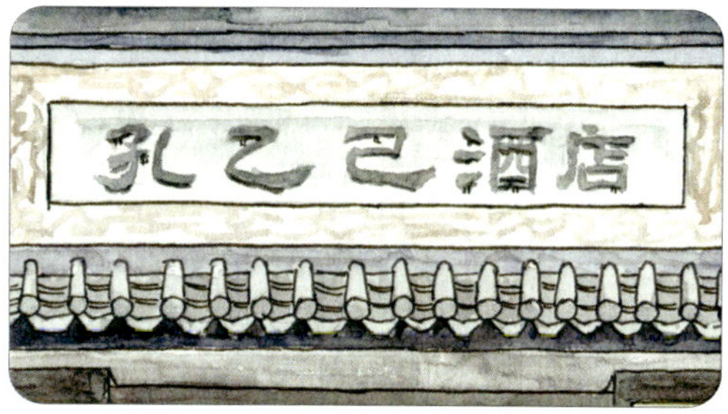

हालाँकि यह झेजियांग व्यंजनों में विशेषज्ञता वाला एक रेस्तरां है, लेकिन इसका साइनबोर्ड उत्तरी चीन के लोगों के सीधेपन को दर्शाता है।

लाल लालटेन रेस्तरां में गर्माहट का एहसास जोड़ते हैं।

चावल की शराब की सुगंध इस मोटी ईंट की दीवार में प्रवेश कर सकती है।

लकड़ी का दरवाज़ा खोलकर, दक्षिणी व्यंजन और उत्तरी भावना के संयोजन वाले रेस्तरां में प्रवेश किया जा सकता है।

08

विन इंटरनेशनल, सानलितुन, चाओयांग जिला

पुराने मदिरालय में अकेले शराब का आनंद लें और कविताएँ पढ़ें

गोधूलि बेला में, जब दिन भर की चहल-पहल का रात की शांति धीरे-धीरे स्थान लेती है, तो दिल में एक खालीपन का एहसास होता है। बड़े शहरों में एकाकी लोगों के लिए हर वक्त जगह होती है, जैसे पुराना मदिरालय (जिसे स्थानीय लोग बू'अर जियूगुआन कहते हैं)। गुलोउ के एन्युआन्सी हूटोंग के सामने यह मदिरालय शुरू में एक निवास में हुआ करता था। बीजिंग में आवासीय इमारतों में व्यापार चलाने पर जब प्रतिबंध की नीति अपनायी गयी, तो पुराना मदिरालय सानलितुन में स्थानांतरित हो गया। आज वह दोमंजिला है और रेडिएटर पंखें, इन्द्रधनुषीय झंडें व श्यामपट्ट जैसी विविध वस्तुओं से सुसज्जित है। उसका मालिक बौद्ध धार्मिक सिद्धांतों में पारंगत है। दरअसल, मदिरालय का नाम, बू'अर (शब्दार्थ, "अन्य कोई राह नहीं") बौद्ध दर्शन से ही लिया गया है कि "बौद्ध धर्म तक कोई अन्य रास्ता नहीं है।" मदिरालय में सभी ग्राहकों से, चाहे सबसे सस्ती शराब पीने वाला कोई गरीब हो या प्रतिष्ठित मेहमानों के समूह का सत्कार करता कोई अमीर मेज़बान, सभी के साथ एक-समान व्यवहार किया जाता है।

खिड़की के पास आराम कर रहा हूँ।

बेतरतीब ढंग से वितरित लेख मूड खराब कर सकते हैं।

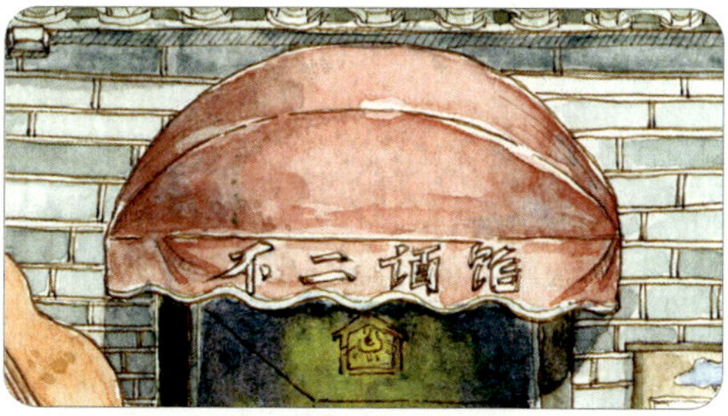

ब्यूर टैवर्न का नाम बौद्ध दर्शन से लिया गया है कि "बौद्ध धर्म तक सभी की पहुंच समान है।"

रेस्तरां के मेनू वाला एक स्थायी बोर्ड जो सभी ग्राहकों के साथ समान व्यवहार करता है।

09

शेजीचांग रोड, फेंगताई जिला

बीजिंग गार्डन एक्सपो पार्क में भराव क्षेत्र से बने जलमग्न उद्यान का दौरा करें

आज, शहरी कूड़ा उपचार पर काफी ध्यान दिया जा रहा है और कई चीनी शहरों में कूड़ा वर्गीकरण उपाय शुरू किये गये हैं। "हरित बीजिंग" बनाने के उद्देश्य से, शहर के पूर्व में 20 हेक्टर में फैले कूड़ा भराव इलाके का चमत्कारिक परिवर्तन कर धंसा हुआ "बीजिंग गार्डन एक्सपो पार्क" बनाया गया। यह एक्सपो उद्यान बहुत बड़ा है। यदि आप तड़के सुबह वहां जाते हैं तो नाश्ते के समय तक फारिग हो सकते हैं। पर अगर आप अन्यथा वहां जाते हैं तो साथ में अपना दोपहर का भोजन भी ले जाएं क्योंकि वहां आपको पूरा ही दिन लग सकता है। फेंगताई जिला में योंगडिंग नदी के पश्चिमी किनारे पर स्थित, एक्सपो पार्क 513 हेक्टर क्षेत्रफल में फैला है

जिसमें 267 हेक्टर तो जमीन है और 246 हेक्टर एक झील। पार्क, उत्तर में लियानशी से दक्षिण में मेशिकोओ मार्ग तक तथा पश्चिम में पेनकोंग मार्ग से दक्षिण-पश्चिम में युआनबो एवेन्यू तक फैला है। पार्क में ऊपर की ओर, दृश्य अवलोकन मंच से ब्रोकेड घाटी में पार फैले "बीजिंग के आठ दर्शनीय स्थलों" की प्रतिकृतियां देखी जा सकती हैं। पर्यटक, पार्क में अक्सर "सभी चार ऋतुओं के दृश्य एक ही दिन में" की गहन अनुभूति का आनन्द लेते हैं।

ब्रोकेड घाटीरू खिलते हुए फूल।

हरे-भरे पौधे।

पर्यटकों की भीड़।

एक बहती धारा।

旁觀·書社
Insight Bookshop

अध्याय 4

फुरसत का समय

01

31 यांगमीझू शीजी स्ट्रीट, ज़िचेंग जिला

मोफ़न बुकस्टोर पर पुस्तकें खोजें

चियानमेन में शांत यांगमीझू शीजी के किसी कोने में छिपी, स्लेटी ईंट की यूरोपीय शैली में बनी दो-मंजिला इमारत है। जाड़ों की किसी दोपहर, अगर आप इस इमारत की दीवारों पर धूप में पिघलते हिमलंबो से सुसज्जित इमारत के आगे से गुजर रहें हों, तो उसके दरवाजे से मोफान किताबघर में दाखिल हों। यह चीनी गणतंत्र के दौर में एक प्रकाशन गृह हुआ करता था। उस समय, इस मार्ग पर वर्ल्ड जर्नल बुकस्टोर, जोंगजेंग बुकस्टोर व चीनी प्रकाशन गृह समेत सात प्रकाशन गृह हुआ करते थे। मोफ़ान किताबगृह में कमरे पर्दों से विभाजित हैं जिनपर "शू" लिखा है। ग्राहक कमरों में चलते हुए इस बात का ध्यान रखें कि फर्श वास्तव में चीनी गणराज्य या उससे भी पहले समय के पुराने दरवाजों की पटरियां हैं जो उस पर चलते हुए चूं-चूं कर, किताबघर की शांति भंग कर सकती हैं। उसका मालिक एक कवि व प्राचीन किताबों का संग्रहकर्त्ता है। सोंग राजवंश के समय की प्राचीन किताबों से अक्षरों के मुहर काउंटर पर बिखरे पड़े हैं जो लोगों को अतीत की याद दिलाते हैं।

मोफ़न बुकस्टोर का चिन्ह।

शांत किताबों की दुकान की एक खिड़की।

किताबों की दुकान एक दो मंजिला यूरोपीय शैली की ईंट की इमारत है जिसमें चीन गणराज्य के काल की झलक है।

एक दरवाज़े का पर्दा जिस पर सुंदर चीनी अक्षर छपा हुआ है जिसका अनुवाद "पुस्तक" है।

模範書局
書

02

43 शीसी साउथ स्ट्रीट, ज़िचेंग जिला

शीसी साउथ स्ट्रीट पर झेंगयांग बुकस्टोर में चुपचाप पढ़ें

बीजिंग की बोली में, जूआंता हूटोंग शब्दावली का उच्चारण "जूआंता'अर हुटोंग" होता है, जैसा कि *मिस्टर चांग बॉयल्स द सी,* युआन जाजू (चीनी नाटक की एक शैली जो युआन राजवंश काल में अपने विकास के चरम पर थी) की एक पंक्ति से स्पष्ट होता है। शीसी स्मारक तोरणद्वार के निकट गली में स्थित, चैंगयांग किताबघर, 600 वर्ष पुराने वानसोंग पगोडा से सटा और 20वीं सदी के प्रसिद्ध चीनी लेखक लू शून व जांग हेंशुई के पूर्व निवासों के निकटस्थ है। यह किताबघर, एक लंबे-चौड़े अहाते में है। चियानमेन के पुराने घरों से चंद मछलियों की टँकियां किताबघर के आँगन में स्थानांतरित की गयीं। बीजिंग के पारम्परिक घरों में, धूपछाइयां, मछलियों की टँकियां व अनार के पेड़ आम हुआ करते थे। किताबघर में एक दोहा प्रदर्शित है, "फुरसत से बैंठे, आराम के लिए पढ़ें"। शीसी दक्षिण मार्ग पर इस किताबघर कें छायादार आँगन में अनगिनत ग्राहकों ने साथ बैठ, पढ़ते हुए कई दोस्तियां गढ़ी हैं।

एक चीनी शैली की कांच की खिड़की।

प्रवेश द्वार पर हरे-भरे पौधे।

दरवाजे पर लगी लाल गांठें पारंपरिक चीनी स्थापत्य शैली का प्रतिनिधित्व करती हैं।

किताबों की दुकान विश्राम और पढ़ने के लिए आदर्श है।

03

कम्पाउंड 4, जियुशियानचियाओ रोड, चाओयांग जिला

पंग्गुआन किताब सम्प्रदाय में विशिष्ट पुस्तकें खोजें

हल्की जिल्द वाली किताबों में गिरावट के बावजूद बीजिंग में अनगिनत छोटे-छोटे किताबघर फिर भी बचे हुए हैं। 798 कला जिला में पूर्व मार्ग के एक कोने में पंग्गुआन किताब सम्प्रदाय नाम की किताबों की एक छोटी दुकान है। दुकान में लकड़ी का फर्श बाहर तक बढ़ा हुआ है। उसकी खिड़कियों के सफेद पर्दों पर पड़ती धूप की किरणें दुकान को लेकर इतिहास का आभास दिलाती है। उसके मालिक ने, उसे दुकान न कह कर, एक "सम्प्रदाय" नाम दिया है क्योंकि उसका उद्देश्य है वह किताबघर एक ऐसी जगह बने जहां समान आकांक्षा व रुचि वाले लोग

एक-साथ आ सकें। दुकान की आंतरिक सज्जा कोई खास उत्कृष्ट नहीं है। वहां बिक्री के लिए रखी सब चीजें मालिक द्वारा स्वयं चुनी गयी हैं। वे इस बात पर पूरी नजर रखते हैं कि दुकान का ध्येय मुनाफा नहीं बल्कि उसे एक "सम्प्रदाय" बनाना है। सबसे ऊँची ताक पर रखी किताब तक पहुंचने के लिए, एक सीढ़ी की जरूरत पड़ सकती है। वर्तमान में चलन में किताबों के अलावा वहां हर तरह की किताबों की सिफारिश की जा सकती है।

पंगगुआन बुक कम्यून का चिन्ह।

विश्राम के लिए सीटें।

किताब की दुकान के मालिक द्वारा अनुशंसित किताबों के शीर्षक वाले बोर्ड।

किताबों की दुकान ट्रेंडी फैशन के बजाय विशिष्ट किताबें पेश करती है।

04

ए6 तुओफांगयिंग नानली, चाओयांग जिला

एकांत किताबघर ओस्पेस की खोज करें

किताबघर का एक पूरा आंगन ठीक वैसा ही है जैसे एक औरत के लिए वर्जीनिया वुल्फ का कमरा। अगर बीजिंग के अनिर्वचनीय कोनों में रहस्यमय किताबों की दुकानों की श्रेणी तय करनी हो तो पूरी संभावना है कि ओस्पेस सूचि के सबसे ऊपर होगा। हुआजियादी से हटने से पहले, ओस्पेस चीनी सामाजिक विज्ञान अकादमी के स्नातकोत्तर विद्यालय के परिसर में कहीं छिपा था। जीपीएस के बगैर, पहली बार आ रहे आगुंतकों के लिए उसे ढूंढना बहुत मुश्किल होता था। फिर भी, यह किताब की दुकान अनेक साहित्यिक समीक्षकों, संगीत आलोचकों, लेखकों, निर्देशकों व रंगकर्मियों को वहां जमावड़ा लगाने को आकर्षित करता था। ओस्पेस को ढूंढने के चक्कर में मैं जब भी गुम हो जाता हूं, तो मैं चीनी साहित्य में अक्सर जिसका जिक्र होता है, साहित्यिक संकेत "सानजिंग जियुहुआंग" का सोचता हूं: एक विद्वान के दो जिगरी दोस्त थे, सो उसके आंगन में तीन ही पथ थे, एक पथ, जिस पर वह खुद चलता था और बाकी दो जिनपर उसके दोस्त। आप किताबघर में बहुत दोस्तों को नहीं मिलेंगे लेकिन वहां सभी आप वाला ही रास्ता तय करते हैं।

एक लकड़ी की सीढ़ी शांत किताबों की दुकान की ओर जाती है।

किताबों की दुकान का लो-प्रोफ़ाइल दरवाज़ा।

किताबों की दुकान का लो-प्रोफ़ाइल चिह्न।

एक बुलेटिन जिसमें रीडिंग सैलून और किताबों की दुकान में आयोजित होने वाले अन्य कार्यक्रम दिखाए गए हैं।

05

ई-ज़िकू, जियाओजिहे गांव, यांकी टाउन, हुआइरौ जिला

“दुनिया के 18 सर्वाधिक खूबसूरत वाचनालयों में से एक”, लियुआन वाचनालय से विस्मित हो जाओ

लियुआन वाचनालय की तारीफ में किसी ने एक बार कहा कि वह बीजिंग की पहाड़ियों पर सुदूर गोया किताबों के खिले फूल की तरह है। बेशक, वह शहर से दूर, उपनगरीय हुआईरु जिला की पहाड़ियों में छिपा है। अतः उसका ग्राहक वर्ग उत्सुक राहगीरों से कुछ अधिक कट्टर है। बहरहाल, वह प्रकृति के करीब है। इमारत के सामने एक छोटी झील, झील के किनारे, पत्थरों का एक पक्का पथ और आसपास की पहाड़ियों से एकत्रित पेड़ों की टहनियों से बनी बाड़, वाचनालय को प्राकृतिक माहौल में पूरी तरह ढलने में मदद करता है। संयुक्त राज्य अमरीका स्थित *बिज़नेस इनसाइडर* द्वारा संकलित “दुनिया की 18 सर्वाधिक खूबसूरत वाचनालयों की सूची” में लियुआन वाचनालय आठवें नंबर पर है। वह उस सूची में दर्ज एकमात्र चीनी वाचनालय था। आगुंतकों को अंदर जाने से पहले जूते उतारने होते हैं। लकड़ी के फर्श पर आप बैठ व लेट कर, जैसा आराम लगे, अपनी पसंदीदा किताब से निकटता बनाये रख सकते हैं।

लियुआन लाइब्रेरी का चिन्ह।

प्रवेश द्वार पर हरे-भरे पौधे।

किताबों की दुकान की अनोखी बाहरी दीवार।

किताबों की दुकान अंदर से खास दिखती है।

बार रहक-एंड-रोल संगीत से गूंजता रहता है।

बालकनी पर एक पुष्प जैकेट सूख गया है।

06

बैहुआशेंचू हूटोंग, ज़िचेंग जिला

आधी रात को बैहुआशेंचू हूटोंग में "बीजिंग में एक रात" सुनें

गायक व निर्माता बॉबी चेन के गीत, "बीजिंग में एक रात" की एक पंक्ति है, "मैं आधी रात रास्ता पूछने की हिम्मत नहीं कर पाता हूं इस डर से कि कहीं बैहुआशेंचू गली न पहुंच जाऊँ।" हूगुओसी पूर्व गली से शीचाहाई के निकट शिनचेकू जाते हुए आप, गीत में वर्णित वही हुटोंग, बैहुआशेंचू (शब्दार्थ "बहन फूलों में") को देख सकते हैं। वहां का आस-पड़ौस, मूलतः सब्जियां उगाने का बड़ा केन्द्र हुआ करता था। *बीजिंग के कथात्मक दस्तावेज* के अनुसार जैंग नामक एक आदमी व उसकी पत्नी ने सब्जियां और फिर फूल उगाने के लिए शिनचेकू दक्षिण गली के पास 2 हेक्टर जमीन खरीदी। जब वहां पिओनी फूल खिलने लगे तो कई विद्वान व अधिकारीगण उन्हें देखने आये। इस से गली का नाम बदल कर बैहुआशेंचू रखा गया। आधी रात को, बैहुआशेंचू हूटोंग सड़क पर बत्तियों की मद्धिम रोशनी में एकाध टहल रहे लोगों की पतली, लंबी परछाई गू चैंग की कविता की याद दिलाता है, "अद्वितीय खूबसूरती के बावजूद, बैहुआशेंचू हूटोंग का कम ही लोगों को पता है। शनाडू जैसी शांत जगह में बस एक ही पश्चाताप होता है कि मानव जीवन सीमित है।"

आँगन के निवास की ईंटों से बनी दीवार।

बैहुआशेंचू हुतोंग का चिन्ह, जिसका अर्थ है "सौ फूलों की गली।"

07

22 मीशुगुआन ईस्ट स्ट्रीट, डोंगचेंग जिला

एसडीएक्स ताओफ़ेन किताबघर पर पूरी रात पढ़ें

हर शहर में एक देर-रात तक खुली एक खाने की जगह व पूरी रात खुला एक किताबघर होना चाहिए। एसडीएक्स ताओफ़ेन किताबघर के कर्मचारी अक्सर मजाक में कहते हैं कि वे उच्च अधिकारीगण या शीर्ष व्यापारी वर्ग के प्रशंसक नहीं है क्योंकि उनका ध्यान तो सिर्फ पाठकों को अच्छी किताबें उपलब्ध कराने पर ही रहता है। इस किताबघर का पूर्ववर्ती एसडीएक्स संयुक्त प्रकाशन कंपनी थी जिसका शेन्गूओ (जीवन) किताबघर, डूशू (पठन) प्रकाशन गृह व शिनची (नवीन ज्ञान) किताबघर में विलय हुआ। एसडीएक्स की स्थापना शंघाई में जाओ ताओफेन व शू बॉक्सिन द्वारा की गयी थी, और जिस वजह से उसका यह नाम भी पड़ा। अपने प्रकाशनों के साथ-साथ एसडीएक्स, अपने एसडीएक्स ताओफ़ेन किताबघर के लिए भी जाना जाता है जो कि चौबीसों घंटे खुला रहता है। कुछ साल पहले, मरम्मत किए जाने से पहले, किताबघर में ऊपर से लकड़ी लगे लोहे की रेलिंग, विशाल आले व धातु जड़ित सीढ़िया हुआ करती थीं – जो 1990 के दशक में लोकप्रिय सजावट शैली हुआ करती थी। आराम-परस्त पाठकों के अलावा, यह किताबघर परीक्षाओं की तैयारी कर रहे छात्रगण को भी आकर्षित करता है। जगराता युवाओं के लिए यह किताबघर, पूरी रात पढ़ने के लिए आदर्श जगह है।

एसडीएक्स ताओफ़ेन बुक्स का प्रतिष्ठित लोगो।

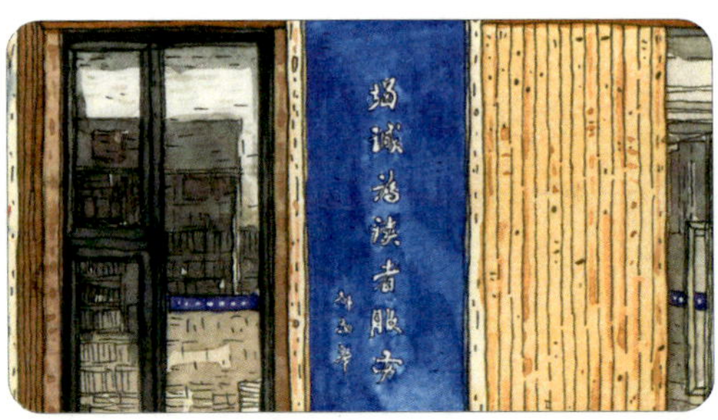

"पूरे दिल से अपने पाठकों की सेवा करना" का नारा एसडीएक्स ताओफेन बुकस्टोर का मुख्य मूल्य है।

हरे-भरे गमले वाले पौधे और प्रवेश द्वार पर नवीनतम गतिविधियों की घोषणा करने वाला एक पोस्टर।

शो विंडो में प्रदर्शित स्कीइंग गियर।

08

बिल्डिंग 4, साउथ सानलीतून रोड, चाओयांग जिला

द बुकवर्म में किताबें और मद्यपान का आनंद ले

देर रात तक खुला रहने वाला द बुकवर्म विदेशी भाषा की किताबों के लिए सर्वाधिक लोकप्रिय किताबघर है। चहल-पहल वाले सानलितून बार मार्ग के किसी कोने में पड़ा यह किताबघर साधारण सा लगता पर सुरुचिपूर्ण लाल रंग के एक विशाल कंटेनर जहाज नुमा इमारत में स्थित है। किताबघर पर पहुंचती सीढ़ियों पर किताबों के शीर्षक अंकित हैं। रात ढलते ही द बुकवर्म में भीड़ जमा होने लगती है। आकाशीय लालटेन जगमगाने लगते हैं, जो किताबघर के आरामदेह

व सुरुचिपूर्ण माहौल को चार चांद लगाते हैं। यह देखते हुए कि किताबघर की जानकारी विदेशी भाषाओं में छपती हैं, किताबघर बीजिंग में रह रहे अप्रवासियों का एक लोकप्रिय गंतव्य बन गया है। रात को अगर नींद न आ रही हो तो आप कॉफी के प्याले के साथ किताबघर में पढ़ सकते हैं। एक किताब-आलय के तौर पर, वह ज्ञान की भूख व पिपासा शांत करती है। समय-समय पर बैठकें व व्याख्यान आयोजित कर किताबघर, मन को और भी ऊर्जा व पोषण प्रदान करता है।

किताबों की दुकान की ऊंची बाहरी दीवार आंशिक रूप से एक पुराने पेड़ की हरी-भरी छतरी से ढकी हुई है।

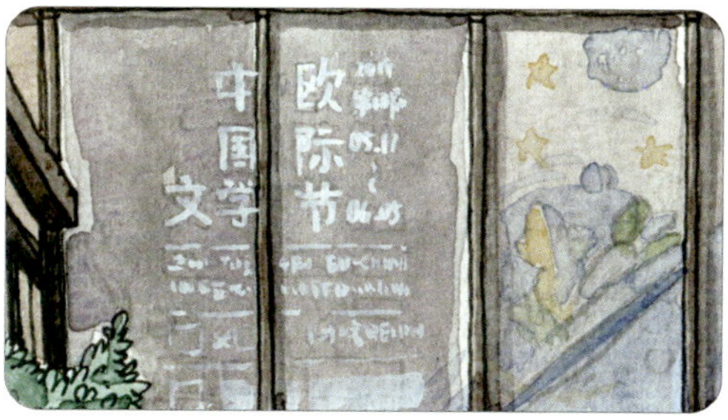

दूसरी मंजिल पर कांच की खिड़कियों के पर्दों पर किताबों की दुकान में चल रही गतिविधियों की घोषणाएँ छपी हुई हैं।

प्रवेश द्वार पर टिकट बूथ।

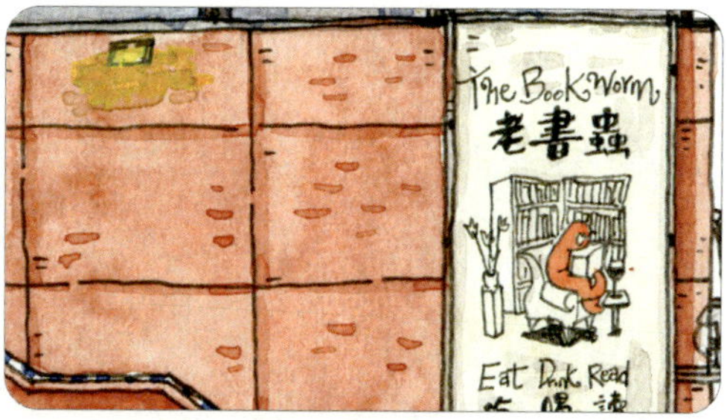

किताबी कीड़ा का आकर्षक साइनबोर्ड बाहरी दीवार पर लटका हुआ था।

09

बीजिंग की पूर्व-पश्चिम मध्य धुरी

चांगान एवेन्यू पर अपनी प्रेमिका के साथ बाइक की सवारी करें

मिंग राजवंश में यौंग्ले शासनकाल के 18वें साल के दौरान 1420 ई. में बने के एक पुराने मार्ग पर, पूर्व-पश्चिम बीजिंग अक्षरेखा के सामानांतर चांगान मार्ग, तियानानमेन चौक से गुजरता है। सड़क के दोनों ओर नियन बत्तियों की रोमानी रोशनी में, एक युवा साईकिल पर पीछे अपनी महिला-मित्र को संभाले जाता है। तियानानमेन चौक से गुजरते हुए, लड़की की अट्टहास, युवा होने के उत्सव की तरह हवा में गुंजाएमान होती है।

एक लाल झंडा हवा में लहराता है।

अध्यक्ष माओ का मेमोरियल हहल।

人民英雄永垂不朽

10

309 गुलोउ ईस्ट स्ट्रीट, डोंगचेंग जिला

गुलोउ होम-स्टाइल रेस्तरां में गर्म वाँटॉन खाएं

चीन में मोबाइल द्वारा भुगतान लोकप्रिय होने से पहले क्रिसमस की पूर्व-संध्या पर बीजिंग की सड़कें व गलियां क्रिसमस आभूषणों से पटी हुई तथा युगलों व फूल बेच रही लड़कियों से भरी होती थीं। जब मैं गुलोउ के निकट किसी एटीएम से पैसे निकाल रहा था तो मैंने एक लड़की को अपनी सहेली को फोन पर बात करते सुना। निराशा में वह कराह रही थी, "बैंक के मेरे खाते में 100 युआन से भी कम हैं जिससे मैं किसी भी एटीएम से पैसा निकाल नहीं सकती हूं . . . मुझे जल्दी ही अपना किराया देना है। मुझे घर की याद आ रही है।" एकाएक आवेग में मेरी इच्छा

हुई कि मैं उस लड़की को बीजिंग के चिर-परिचित हूओ'ज़ वॉंटॉन में गर्मागर्म वॉंटॉन खाने के लिए आमंत्रित करूं। पर मैं उस आवेग को जबरदस्ती इस आशंका से रोकता हूं कि कहीं वो मुझे एक बद-इरादे वाला अजनबी समझ लेगी। गुलोउ के निकट वॉंटॉन को लेकर, कई बीजिंग-वासियों की दिली स्मृतियां हैं जो वहां रात वॉंटॉन के स्वाद का आनन्द लेते हैं। वॉंटॉन की हल्की परत, स्वादिष्ट सूप, उसमें सुस्वाद भरवां और सबसे महत्वपूर्ण, किफायती दाम . . . गर्मागर्म वॉंटॉन, घर की विरह से राहत दिला सकता है।

होउ के वहनटन का चिन्ह रात में गर्माहट का एहसास जोड़ता है।

एक फीका दोहा।

दरवाज़ा खोलकर कोई भी गर्म भाप और वहन्टन की खुशबू में डूबा जा सकता है।

गर्म वहन्टन का एक कटोरा घर की याद से राहत दिला सकता है।

11

तियानझू रोड, शुन्यी जिला

बीजिंग हवाई अड्डे के आर्थिक कोर जोन में "चीनी गति" का अनुभव करें

"गजब! मैंने कल दोपहर ही एक सामान के लिए आर्डर दिया था और बीजिंग से 1000 मील दूर जेंगजू से भेजा सामान आज पहुंच भी गया।" बीजिंग में रह रहे कई विदेशी चीनी राजधानी की रसद रफ्तार से हैरान होते हैं। इसके लिए बीजिंग हवाई अड्डा आर्थिक कोर जोन को कुछ तो श्रेय दिया ही जाना चाहिए। राजधानी के हवाई अड्डे से टैक्सी से शहर आ रहे यात्री बीजिंग हवाई अड्डा आर्थिक कोर जोन के बगल से गुजरते हैं, जो कि बीजिंग में छः प्रमुख उच्च-स्तरीय औद्योगिक क्रियाशील ज़ोनों में से एक है। कई लोग तो उसके विशाल आकार पर ही आश्चर्यचकित होते हैं: उसका विस्तार उत्तर छठी रिंग रोड से दक्षिण हवाई अड्डा द्रुतमार्ग और पूर्व छठी रिंग रोड और चाओबाई नदी संरक्षित हरित पट्टी से पश्चिम में बीजिंग-चेंगदे द्रुतमार्ग तक फैला है। यह पूरा क्षेत्र हवाई यातायात, बंधी रसद, व्यवसायिक मुख्यालय, औद्योगिक वित्त, सांस्कृतिक व रचनात्मक उद्योग, एमआईसीई (बैठकें, प्रोत्साहन योजनाएं, सम्मेलन व प्रदर्शनियां) तथा अन्य हवाई अड्डा संबंधित अंतरराष्ट्रीयकृत, उच्च-स्तरीय सेवा उद्योगों को अपने में एकीकृत किये हुए है। यहां फॉरच्यून ग्लोबल 500 कंपनियों द्वारा वित्तपोषित 55 परियोजनाएं चल रही हैं। बीजिंग हवाई अड्डा आर्थिक कोर जोन रसद की सुविधाकरण में महत्वपूर्ण भूमिका अदा करता है जो बीजिंग निवासियों के लिए बिजली-समान तेज वितरण सेवांए संभव बनाता है।

बीजिंग हवाई अड्डा आर्थिक कोर क्षेत्रः बीजिंग हवाई अड्डा आर्थिक कोर क्षेत्र में एक यातायात चक्र।

बीजिंग हवाई अड्डे के आर्थिक कोर क्षेत्र का कार्यालय भवन।

अध्याय 9

आमोद-प्रमोद

01

141 चियानमेन वेस्ट स्ट्रीट, ज़िचेंग जिला

शुआनवुमेन गिरजाघर में शादी रचें

वर्ष 1605, मिंग राजवंश के वानली शासन के 33वें वर्ष, इतालवी पादरी माटेओ रिक्की ने चियानमेन पश्चिम मार्ग पर बीजिंग का पहला गिरजाघर बनाया, जो इतिहास में दक्षिण गिरजाघर के नाम से जाना जाता था और आज के युआनवूमेन गिरजाघर का पूर्ववर्ती है। चिंग राजवंश के सम्राट शुन्ची ने इस गिरजाघर में बहुत रुचि दिखायी। वे दक्षिण गिरजाघर 24 बार गये और वहां एक पट्टिका प्रदान की जिस पर अंकित है, "टौंग वे च्या जिंग", अर्थात् "सूक्ष्म जगत दर्शन की ओर सुखद क्षेत्र", जो इस गिरजाघर की उस समय महत्त्वपूर्ण राजनैतिक प्रतिष्ठा का प्रमाण है। आज, युआनवूमेन गिरजाघर छायाकारी की दृष्टि से व विवाह समारोह के लिए एक लोकप्रिय स्थल है। उसकी रंगीन कांच की खिड़कियों से छिरकती दोपहर की धूप की किरणों में, पूरा गिरजाघर गरिमापूर्ण व आलीशान लगता है, जो उसे किसी विवाह समारोह के लिए एक स्वनिल जगह बनाता है।

जुआनवुमेन चर्च एक बारोक इमारत है।

चर्च के ऊपर क्रहस।

चर्च का द्वार।

चर्च की एक खिड़की।

02

15 गुओज़िजियन स्ट्रीट, डोंगचेंग जिला

इंपीरियल कॉलेज में ज़ुआंगयुआन स्टेल की गिनती करें

"ज़ुआंगयुआन (इम्पीरियल परीक्षाओं में सर्वोच्च छात्र) के लिए लाल जामा और अलंकृत टोपी कितने सुन्दर हैं!" अपने बचपन में जब मैंने पहली बार पारम्परिक ऑपेरा *ज़ुआंगयुआन का खिताब पाना,* सुना तो मैं नायक श्री ली की कहांनियां समझ नहीं पाया लेकिन उसकी सुन्दर लाल पोशाक से प्रभावित जरूर हुआ। शाही महाविद्यालय का चमकदार छप्पर वाला चटख लाल रंग का तोरणद्वार देखकर ऑपेरा की मेरी यादें ताजा हो गयीं। चीन में ज़ुआंगयुआन की किवदंतियां, पुराने राजवंशों के 1000 साल से भी ज्यादा समय से प्रचलित रही हैं। शाही महाविद्यालय में 198 पत्थर की पट्टिकाएं हैं जिन पर युआन राजवंश के सम्राट रेंनचोंग के शासन के दूसरे ही साल, 1313 से सर्वोच्च-स्तरीय शाही परीक्षाओं में सफल होने वाले 51,624 छात्रों के नाम, जन्मस्थान व उतीर्ण क्रम अंकित हैं। यहां कई लोग पट्टिकाओं को देखने आते हैं लेकिन कम ही हैं जो उन पर दर्ज नामों को ध्यान से देखते हैं। उन पट्टिकाओं पर चिंग राजवंश के मध्य व उत्तर काल में दर्ज नाम तो साफ पढ़े जाते हैं लेकिन उससे पहले के नाम अस्पष्ट हो चुके हैं। कई नाम तो उच्च-स्तरीय कुलाधिपतियों के व उनके हैं जो अपने गृह-शहरों की शान रहे हैं। मगर अधिकांश नाम तो समय के बेरहम चक्र के साथ इतिहास की धारा में गुम हो चुके हैं। शाही महाविद्यालय में मूक खड़े पुराने पेड़ों को सम्भवतः वे नाम अभी भी याद हों।

हरे चमकीले डौगोंग (ब्रैकेट सिस्टम) के ऊपर चमकीले पीले रंग की चमकीली छतें हैं।

धनुषाकार द्वार दो सफेद संगमरमर बौद्ध शैली के आधारों पर स्थित है।

03

12 नानचाइयुआन स्ट्रीट, ज़िचेंग जिला

भव्य दृश्य उद्यान में एक "लाल कक्ष" का सपना

"यह सुरम्य उद्यान धरती व स्वर्ग, दोनों के ही नज़ारे पेश करता है, इसीलिए इसका नाम भव्य दृश्य उद्यान (ग्रैंड व्यू गार्डन) पड़ा।" ज़िचेंग जिला में नानचाइयुआन मार्ग पर स्थित भव्य दृश्य उद्यान को हालांकि सभी जानते हैं, लेकिन यह वह जगह नहीं है जहां, प्राचीन उपन्यास *द ड्रीम ऑफ रेड चेम्बर (लाल कक्ष का स्वपन)* में वर्णित जिया बाओयुन व लिन दाईयू रहा करते थे। उस उपन्यास के प्रशंसक आज भी उद्यान को लेकर आसक्त हैं। मिंग व चिंग राजवंश काल के दौरान वर्तमान भव्य दृश्य उद्यान, सब्जियों का शाही उद्यान हुआ करता था। उस समय, इस उद्यान का ताल्लुक रोमांस से ज्यादा आहार से था। 1984 में काओ शुएचिन के उपन्यास पर एक टीवी श्रृंखला बनायी गयी। उपन्यास में वर्णित जगह की वास्तुकला तथा विशेषज्ञ समूह के शोध के आधार पर, फिल्म दल ने भव्य दृश्य उद्यान का सैट तैयार किया। उपन्यास में वर्णित कई भवन व अन्य संरचनाएं, जैसे सुर्ख लाल निवास, सजावटी बांस के आवास, अल्पीनिया फलोद्यान, ज़री वस्त्र से सजी मीनार, सुखद शरद ऋतु स्टूडियो तो पूरे ही नए निर्मित किये गये। कुछ लोगों ने आलोचना की कि ये इमारतें हूबहू वैसी नहीं हैं जैसा कि उपन्यास में वर्णन किया गया है, मगर वास्तुकला विशेषज्ञों का कहना था कि उपन्यास में जैसा वर्णन किया गया वास्तव में इतिहास में वैसा नहीं था। एक साहित्यिक कृति काल्पनिक होती है सो उसे ऐतिहासिक सत्य नहीं मानना चाहिए। उद्यान की प्रामाणिकता पर बहस अर्थहीन है।

डिकुई मंडप।

लाल स्तंभों और हरी खिड़कियों वाला मंडप।

04

सिमताई गांव, गुबेइकोउ टाउन, मियुन जिला

बीजिंग डब्ल्यू-टाउन में दक्षिणी चीन के सौन्दर्य का अनुभव लें

दो सौ से भी अधिक साल पहले, दक्षिणी चीन की अपनी यात्रा के दौरान, चिंग राजवंश के सम्राट चियानलांग, सूजोउ की व्यस्त सड़कों और उसके अद्वितीय रिवाजों से प्रभावित हुए। बीजिंग लौटने के बाद, उन्होने सूजोउ की तर्ज पर अपने ग्रीष्म महल में एक सूजोउ मार्ग के निर्माण का आदेश दिया। कुछ साल हुए, वूजेन व शीटेंग प्राचीन शहरों की लोकप्रियता के चलते, बीजिंग के उत्तरी छोर पर बीजिंग डब्ल्यू-टाउन (साथ ही, गूबई जल नगर) का निर्माण किया गया। यह नगर युआनयानहू जलाशय के बगल में पहाड़ियों की छत्रछाया में स्थित है। उसकी इमारतें, धनुषाकार पुल व आर-पार बह रही नहरें, चीनी गणतंत्र काल के दक्षिणी जल नगरों की वास्तुकला शैली की हैं। बहरहाल, शरद ऋतु में आसमान साफ और धूप खिली रहती है, जो कि दक्षिणी चीन के बरसाती व धुंधले मौसम के उलट है। अगर *लाल सदन का स्वप्न* में गूबई जलनगर एक स्त्री चरित्र होती तो वह स्पष्टवादी व आशावादी शी शियांगयुन होती, न कि सुन्दर व भावुक लिन दाईयू।

दक्षिणी चीन की याद दिलाने वाला एक स्वप्न जैसा जल शहर।

एक लकड़ी की नाव नदी में घूम रही है।

रोते हुए विलो की छाया में एक कप चाय की चुस्की लेते हुए।

झील के किनारे एक पत्थर का छज्जा और इमारतें।

05

डोंगजियाओ मिनज़ियांग लेन, डोंगचेंग जिला

डोंगजियाओ मिनज़ियांग में पुराने बीजिंग की याद ताज़ा करें

डोंगजियाओ मिनज़ियांग, पश्चिम में तियानानमेन चौक पूर्व मार्ग से पूर्व में चौंगवैनमैननई मार्ग तक, 1552 मीटर लंबी गली है। यह बीजिंग में यूरोपीय वास्तुकला शैली का एकमात्र मौजूदा भवन-समूह है। आधुनिक समय में, वह राजदूतावास जोन के तौर पर दर्ज था। 1860 में, द्वितीय अफीम युद्ध के बाद, ब्रिटेन, फ्रांस, रूस, जापान, जर्मनी, बैल्जियम व संयुक्त राज्य अमरीका के देशों ने यहां अपने-अपने राजदूतावास बनाये, और डोंगजियाओ मिनज़ियांग का नाम बदल कर राजदूतावास मार्ग रखा गया। 1949 में चीनी जनवादी गणराज्य की स्थापना के बाद भी राजदूतावास जोन ही रहा, जिसके बाद विदेशी राजदूतावास 1959 में सानलितून इलाके में स्थानानतरित कर दिए गए। घने चीनी वृक्षों की छाया में पर्यटक आज भी वहां कई यूरोपीय शैली की इमारते देख सकते हैं। 1901 में निर्मित फ्रांसीसी बड़ा गिरजाघर आज भी बदस्तूर खड़ा है जो लोगों को पुराने बीजिंग की कहांनियों की याद दिलाता है।

यह भव्य इमारत एक सदी से चुपचाप खड़ी है।

चीन कोर्ट संग्रहालय का चिन्ह।

中国法院博物館

06

उत्तर से जुशिकोउ वेस्ट स्ट्रीट, ज़िचेंग जिला

बादा हूटोंग में रोमांस का सपना

एक पुरानी कहावत है, "ठंडी हवाएं हर साल एक ही तय समय पर चलने लगती हैं जबकि शरद के चांद के रोशन होने पर कोई निश्चित बंदिश नहीं"। बादा हूटोंग (शब्दार्थ, "आठ प्रमुख गलियां"), चियानमेन मार्ग के पश्चिम की ओर के इलाके को साधारणतः कहते हैं, जो पूर्व में मीशी मार्ग पश्चिम में वूडाओमियाओ तक और उत्तर में लिटिगुई झीजी से लेकर दक्षिण में पश्चिम जुशिकौ मार्ग तक फैला हुआ है। चिंग राजवंश के मध्यकाल तक बादा हूटोंग का "प्रेम प्रसंगों" से कोई रिश्ता नहीं था। चिंग राजवंश के उत्तर काल व चीनी गणतंत्र के शुरुआती दौर में उसकी

ख्याती पूरे चरम पर थी। शियाओफेंगशियान व काई ई की पौराणिक प्रेम कहांनियां और बाईशुन व हानजियातन जैसे प्रतिष्ठित ऑपेरा की कहानियां, बादा हूटोंग पुराने बीजिंग में ऑपेरा कलाकारों के इतिहास का गवाह रहा है। आज, कोई भी उस *अमर लॉज* में रह सकता है जहां शियाओफेंगशियान रहा करते थे और जो अब पिट्ठू उठाये यात्रियों के लिए अंतरराष्ट्रीय यूथ हॉस्टल में परिवर्तित हो जा चुका है। आस-पड़ौस के गहन इतिहास के नशे में मदमत्त, वहां हसीन सपने देखना आसान होता है।

शांगलिन इम्मोर्टल लहृज रोमांस का स्थान हुआ करता था।

धनुषाकार खिड़की को खोलने पर, पुराने बीजिंग के अभिनेताओं और अभिनेत्रियों की कहानियाँ सीखी जा सकती हैं।

इमारत को बैकपैकर्स के लिए एक युवा छात्रावास में बदल दिया गया है।

मुँडेर के नीचे एक लाल लालटेन लटकी हुई थी।

07

50 दियानमेनवै स्ट्रीट, ज़िचेंग जिला

यानदाई शिची में पारंपरिक चीनी सौंदर्य प्रसाधन खरीदें

बीजिंग का सड़क संजाल शतरंज की बिसात जैसा विशिष्ट है। पुराने जिला में खासकर, लगभग सभी मार्ग व गलियां दक्षिण से उत्तर या पूर्व से पश्चिम की ओर फैली हैं। कुछ ही तिरछी सड़के हैं जिनका नाम शिची हैं (शब्दार्थ, "तिरछी सड़कें") और इनमें से एक है यानदाई शिची। चियानहाई झील के उत्तरपूर्व में स्थित, यह 232 मीटर लंबी गली, पूर्व में दियानमेनवै मार्ग से शुरू होती है। यह बीजिंग में सबसे पुरानी व्यावसायिक सड़कों में एक है। चिंग राजवंश-काल के दौरान, स्थानीय मन्चूरियन निवासी यहां हुक्का पीने का आनन्द लेने आते थे। गली के आखिर में तबांकू की दुकानों का जमघट था, जिस कर के उसका नाम यानदाई शिची (शब्दार्थ, "तंबाकू की थैलियों की तिरछी सड़क") पड़ा। आज, वहां तंबाकू की दुकानों की जगह खास चीनी ब्राण्ड प्रसाधन की दुकानों ने ले ली है। बीजिंग में लंबे समय से स्थापित ब्राण्ड के अलावा, चीन के अन्य इलाकों, जैसे दाईचुनलिन व शीएफूचेन से प्रसाधन के कई पारम्परिक ब्राण्ड की कंपनियों ने भी यानदाई शिची में अपनी शाखाएं खोल दी हैं। शाम के झुटपुटे में आप घूमते-घुमते वहां जा कर, कुछ चीनी-उत्पादन प्रसाधन सामग्री खरीद सकते हैं, बेशक आप पियोनी को रंगने के लिए रंजक के तौर सिर्फ थोड़ा उबटन ही क्यों न खरीदना चाह रहे हों।

डाइचुनलिन कह्स्मेटिक्स स्टोर का चिन्ह, जिसे किंग-राजवंश के उपन्यास *ड्रीम अह्फ द रेड चैंबर* में दर्शाया गया था।

एक पक्षी पिंजरा। पक्षियों का घूमना आठ बैनरों की जीवनशैली हुआ करती थी।

चपरासी को चित्रित करने के लिए रंगद्रव्य के रूप में लाल रंग खरीदना।

दूसरी मंजिल पर बंद कमरा अच्छे सपने देखने के लिए एक आदर्श स्थान है।

戴春林
胭脂水粉

08

2 पूर्वी बियाओबेई हूटोंग, जियांगुओमेन पूर्व, डोंगचेंग जिला

बीजिंग प्राचीन बेधशाला में अपना प्यार प्रकट करें

कई शताब्दी पहले, सोंग राजवंश (960-1279) के लोग, अपने आहातों की विशालता के गुणगान किया करते थे मगर आज लोग गगनचुम्बी इमारतों की भव्यता की बात करते हैं। बीजिंग की प्राचीन बेधशाला जियांगुओमेन पुल के दक्षिण-पश्चिम कोने में स्थित है। जियांगुओमेन भूमिगत स्टेशन से बाहर आते ही बेधशाला दिख जाती है। ऐतिहासिक दस्तावेजों के अनुसार यह प्राचीन बेधशाला सबसे पहले मिंग राजवंश के चेंगटोंग शासन के सातवें साल 1442 में बनायी गयी

थी। चीन में सबसे पुरानी बेधशालाओं में एक यह मिंग व चिंग राजवंशों की शाही बेधशाला हुआ करती थी। शाम को, गोधूलि बेला में, अपनी प्रेयसी को लुभाने के लिए, चक्कर-दार सीढ़ियों से प्राचीन बेधशाला पहुंचकर अपनी प्रेयसी के आगे सौगंध खा सकते हैं, "इस सूर्य, चन्द्रमा व सितारों की कसम खाता हूं कि तुम्हारे लिए मेरा प्यार कभी खत्म नहीं होगा।"

अल्टज़िमुथ का निर्माण 1669 (सम्राट कांग्शी के शासनकाल के दौरान 8वें वर्ष) में शुरू हुआ और 1673 (सम्राट कांग्शी के शासनकाल के दौरान 12वें वर्ष) में पूरा हुआ। इसमें एक क्षैतिज वृत्त, ड्रैगन के आकार के खंभे, एक कांस्य स्टैंड और एक ऊर्ध्वाधर मीटर शामिल है।

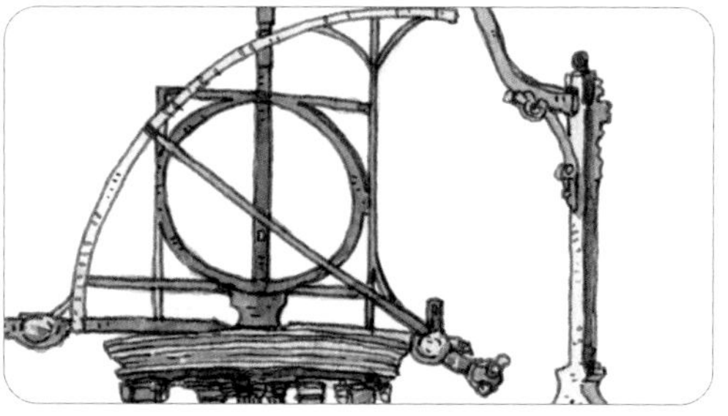

किंग राजवंश के सम्राट कांग्शी के शासनकाल के दौरान 1713-1715 का एक प्राचीन अज़ीमुथ थियोडोलाइट, जिसे जर्मन मिशनरी बर्नार्ड-किलियन स्टम्पफ (1655-1720) की देखरेख में बनाया गया था।

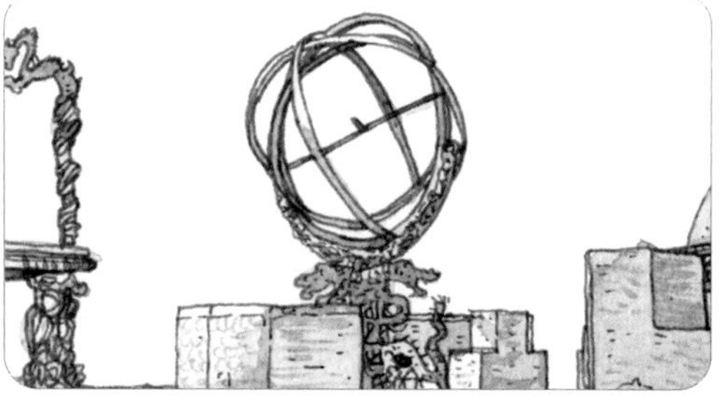

किंग राजवंश में निर्मित आठ प्रमुख कांस्य खगोलीय उपकरणों में से एक, एक्लिप्टिक आर्मिला प्राचीन चीन में खगोलीय अवलोकन के लिए एक महत्वपूर्ण उपकरण था, साथ ही आधुनिक एक्लिप्टिक समन्वय प्रणाली पर आधारित चीन का पहला खगोलीय उपकरण था।

09

37 माओ'अर हूटोंग, डोंगचेंग जिला

माओ'अर हूटोंग में अंतिम साम्राज्ञी की शादी की बारात का पुनः स्मरण करें

घने पेड़ों की छाया में, माओ'अर हूटोंग में गहरे रंग की ईंटो व स्लेटी खपरैल के पारम्परिक निवास हैं। गर्मियों में पेड़ों पर से, तंग गली को प्रेमगीत सुनाता, सिकाडा का स्वर गूंजता है। एक शताब्दी हुए, गली में 37 नं. अहाता, चिंग राजवंश की अंतिम साम्रागी वान रौंग का निवास-स्थान हुआ करता था। अहाते में कुछ छोटे तीन आंगन हैं। सजे हुए तोरणद्वार व गलियारे से गुजरते, आहाते के उत्तर में मुख्य ढांचे तक पहुंचा जा सकता है। उसके सबसे पश्चिम वाला कमरा वान रौंग का शयनकक्ष था जिसमें वह 16 साल तक रही। सथानीय बुजुर्ग कभी-कभी वान रौंग के विवाह को याद करते हुए उसे अपने नाती-पोतों को रात सोने से पहले कहानियों की तरह सुनाते हैं। उस दिन वान रौंग को लेने के लिए माओ'अर हूटोंग में अनेक गाड़ियां पहुंची थीं, और साम्रागी ऊपर से सोना जड़े, स्वर्ण व फीनिक्स पक्षी के स्वरूपों से सुसज्जित शाही पालकी में बैठ, 22 मजदूरों के कंधों पर सवाल शाही महल पहुंची। कहानी सुन रहे बच्चे पूछते हैं, "फिर क्या हुआ?" किसी को क्या मालूम कि फिर क्या हुआ! आज, गली में अमूमन कोई बिल्ली ढलती घूप में अलसाए हुए आम दिख जाती है।

लाल गेट और भूरे रंग की टाइलें बीजिंग की तीव्र झलक दिखाती हैं।

रेस्तरां कहफ़ी और डौज़िर (बीजिंग में मूंग से बना एक पारंपरिक किण्वित पेय) दोनों प्रदान करता है।

एक शिल्प भंडार जो समय-समय पर नई वस्तुओं की पेशकश करता है।

गली का फीका साइनबोर्ड लोगों को इसके लंबे इतिहास की याद दिलाता है।

10

2 होंगलुओ ईस्ट रोड, हुआइरोउ जिला

होंगलुओ मंदिर में बुद्ध-स्वरुप लड़की से मुलाकात

मिंग राजवंश की एक किताब, *रिकार्ड्स ऑफ लिटिल ट्रेंक्विल विन्डो (छोटी शांत खिड़की के रिकॉर्ड)* में एक कविता की पंक्ति है, "बौद्ध धर्मग्रंथों का पाठ किवाड़ बंद कर करो" और "विशिष्ट मेहमानों का स्वागत किवाड़ खोल कर करो।" कविता के इस छंद ने आज अनेक शहरी लोगों की आत्मा को आश्वस्त करती है। वे लोग जो एकांत, शांति व शुचिता की तलाश में हैं, हुआरौ जिला के बाहर ही, सुदूर पहाड़ियों में छिपा होंगलुओ मन्दिर उनके लिए एक आदर्श गंतव्य है। पूर्वी जिन राजवंश के दौरान यौंगहे शासन (317-420) के चौथे साल सन् 348 में निर्मित

यह मन्दिर 1600 सालों से भी अधिक समय से खड़ा है। मन्दिर जिस पहाड़ी पर है, उसकी तलहटी में "मोती चश्मा" है। दतंकथा है कि वसंत के मौसम में दो विशाल लाल रंग के घोंघे निकलते हैं और शाम के झुटपुटे में लाल ज्वाला फेंकते हैं, जिस कारण पहाड़ी का नाम होंगलुओ (शब्दार्थ, "लाल घोंघे") पड़ा और मन्दिर भी उसी नाम से कहलाया। एक पुरानी कहावत है, "आदमी लामा मन्दिर में पूजा करते हैं, जबकि औरतें, तीर्थ करने होंगलुओ मन्दिर जाती हैं।" तो आप अगर होंगलुओ मन्दिर जा रहे हैं, तो उम्मीद करें कि आपकी किसी धर्मशील युवती से भेंट हो और वह अभी अविवाहित हो!

मंदिर में तीर्थयात्री।

उत्कृष्ट रूप से चित्रित गर्डर और बीम।

प्राचीन देवदार के पेड़ों की छाया में छत की मुंडेर पर आभूषण।

हांग्लुओ मंदिर का नाम परी हांग्लुओ (लाल घोंघा) के बारे में किंवदंती से लिया गया है।

11

टोंगजोउ 'केनाल कल्चर' स्क्वायर के समीप

"ग्रांड नहर" पर प्रकाश उत्सव का मज़ा लें

टोंगजोउ जिला, जिसे बीजिंग नगरपालिका प्रशासन केन्द्र के नाम से भी जाना जाता है, में ग्रांड नहर का विस्तार बीजिंग शहर के बहुत करीब नहीं है। जब मैं छोटा था, तो इस जिला को टोंगशियान काउन्टी कहा करते थे, और अभी कुछ ही साल हुए हैं कि वह शहर का नगरपालिका प्रशासन केन्द्र हो गया है। मुख्य शहर से दूर होने के कारण, टोंगजोउ के बुजुर्ग निवासी नगर-केन्द्र जाने के लिए आज भी कहते हैं, "बीजिंग जा रहे हैं", हालांकि वह अब एक उपनगरीय जिला है जो बीजिंग नगरपालिका द्वारा शासित होता है। अगर आप टोंगजोउ में ग्रांड नहर सांस्कृतिक चौक, बस से जा रहे हैं तो आप "डोंग्गुआन पुल" स्टेशन पर उतरें। डोंग्गुआन तथा शीगुआन, नानगुआन व बेगुआन, पुराने टोंगजोउ के चार प्रवेश द्वार हैं। अतीत में, टोंगजोउ,

बीजिंग नगर-केन्द्र से काफी भिन्न थाः नगर-केन्द्र निवासी अधिकतर "आठ ध्वज" के मंचूरियन थे, जिन्हें अनोखी कलाकृतियों का शौक था और "आठ ध्वज संस्कृति" को बढ़ावा देने की खातिर भड़कीली, दिखावटी जिन्दगी जीते थे। लेकिन पीढ़ी-दर-पीढ़ी, टोंगजोउ के अधिकांश निवासी ग्रांड नहर की घाटों पर बोझ ढोने का काम कर जीवन बसर करते थे जिससे "नहर संस्कृति" का पालन-पोषण हुआ। अमीर लोग भी ज्यादा दिखावा नहीं करते और व्यवहारिक बने रहे। स्थानीय लोग अपना धन, जमीन-जायजाद खरीदने में लगाते, बजाय कि उसका दिखावा करें। आजकल, ग्रैंड नहर संस्कृति चौक आ रहे पर्यटक, प्राचीन नहर में नौका-विहार कर सकते हैं और रात को दृश्य प्रदर्शन व विविध कला प्रदर्शनियों का आनन्द ले सकते हैं। नदी-किनारे रेस्तरां में, प्राचीन नहर से उठ रही ठंडी हवा में, वे बियर की चुस्की और टोंगजोउ के विशेष, तले हुए बलूत का स्वाद ले सकते हैं। क्या मज़ा है!

अध्याय 10

गर्मजोशी से स्वागत

01

236 शिसी नॉर्थ स्ट्रीट, ज़िचेंग जिला

शिसी में भाप से पके बन खरीदने के लिए लाइन में लगें

भाप से पके बन विशेष बनाता शिसी रेस्तरां, पुराने ज़िचेंग जिला की स्मृतियों को संजोये है। वह सर्वप्रथम चीनी गणतंत्र के शुरुआती दौर में खुला था जब शाही पाकषाला से अवकाशप्राप्त एक बावर्ची ने उसे शुरू किया। रेस्तरां का 100 साल से भी अधिक समय का इतिहास है। दरअसल, 1912 में चीनी गणतंत्र की स्थापना के बाद ही, बावर्ची ने अवकाशप्राप्त कर लिया था। चूंकि उसके बच्चे-वच्चे नहीं थे, जिनके साथ वो अपना भावी जीवन गुजारता, उसने सिसी के नजदीक रेस्तरां खोला जिसमें वह भाप से पके बन पेश करता था। पिछली एक शताब्दी में, इस रेस्तरां में उपलब्ध भाप से पके बन को कई लोग मानते हैं कि वे "अनाकर्षक दिखने के बावजूद सबसे स्वादिष्ट हैं।" इन बनों की परत बहुत पतली और अंदर सूअर के गोश्त व प्याज का रसदार भरवा होता है। प्रत्येक ग्राहक को 250 ग्राम खरीदने की अनुमति होती है। रेस्तरां तो हर रोज खाने वालों की भीड़ से ठसाठस रहता है। वह सुबह 9.30 बजे खुलता है मगर ग्राहक आधा घंटे पहले तक से ही पंक्ति बना खड़े रहते हैं। एक आर्डर लेने व देने में अक्सर एक-एक घंटा तक लग जाता है। भाप से पके उस बन का जरा सा टुकड़ा भर मुंह में जाने से, खराब से खराब मूड भी चंगा हो जाता है। यह आहार इतना स्वादिष्ट होता है कि उसके लिए एक घंटा भी इंतजार किया जा सकता है।

ग्पेप स्टीम्ड बन रेस्तरां का चिन्ह पुराने ग्पबीमदह जिले की यादों को संरक्षित करता है।

स्टीम्ड बन रेस्तरां में अहर्डर प्राप्त करने में अक्सर एक घंटे या उससे अधिक समय लगता है।

एक रसोइया उबले हुए बन्स बनाने में व्यस्त है जिन्हें कई लोग "असुंदर दिखने के बावजूद सबसे स्वादिष्ट" करार देते हैं।

रेस्तरां का मेनू जो किफायती कीमतों पर स्वादिष्ट उबले हुए बन्स प्रदान करता है।

记忆里的北京味
西四包子铺
西四店
西四包子铺
有机海带 8
素什锦
豆腐丝 8
煮花生米 8
芥兰 8
木耳洋葱 8
猪耳朵 20
酱牛肉 35

02

नंबर 14 समुदाय, हेपिंगली ईस्ट स्ट्रीट, डोंगचेंग जिला

एक कप नाशपाती सूप पीकर ठंडक पाएं

शियाओदियाओ नाशपाती सूप, बीजिंग का पारम्परिक पेय बन कर उभरा। वह नाशपाती, ट्रैमेला मशरूम व लोकाट फल को एक साथ मिला कर दम देकर बनता है। अंततः इस सूप के नाम पर ही एक रेस्तरां श्रृंखला की स्थापना हुई। शियाओदियाओ नाशपाती सूप श्रृंखला की मुख्य दुकान बीजिंग के पारम्परिक हूटोंग आवासीय इलाके में है। नाशपाती के सूप अलावा वहां पनीर-मछली के विशेष व्यंजन भी मिलते हैं। पुराने वृक्षों के बीच आहाते में कांच की छत वाली एक इमारत है। रेस्तरां में सीमित ही कुर्सिया हैं जिससे वह भरे होने के बावजूद वहां उतना शोर-शराबा नहीं होता। जो भी आता है, वह नाशपाती का सूप मंगाता ही मंगाता है। ऐसे सूप की एक बोतल बनाने में 7 से 8 घंटे लग जाते हैं। गाढ़ा सूप तांबे की बोतल में रखा जाता है और एक छोटी मोमबत्ती से गर्म रखी जाती है, जिससे लोकाट और नाशपाती की विशुद्ध महक हवा में बनी रहती है।

ज़ियाओडियाओ नाशपाती सूप का संकेत।

पनीर मछली, रेस्तरां में जरूर आज़माएं।

रेस्तरां पुरानी सजावटी शैली का दावा करता है।

दोस्तों के साथ नाशपाती सूप की एक बोतल साझा करना।

小吊梨汤
小吊梨汤
豌豆黄
椒麻排骨
小煎猪肝

03

59 पूर्व तीसरी रिंग मिडिल रोड, चाओयांग जिला

सिशिटोंगटांग में माहजोंग के आकार के मटर के आटे के केक खाएं

सिशिटोंगटांग (शब्दार्थ, "एक छत तले चार पीढ़ियां") से यहां हमारा लाओ ची के इसी नाम से उपन्यास का संदर्भ देना नहीं है, बल्कि हम जिक्र कर रहे हैं बीजिंग स्थानीय निवासियों में एक पुराने लोकप्रिय रेस्तरां का। यहां न सिर्फ स्वादिष्ट खाना मिलता है बल्कि हूटोंग के दैनिक जीवन में झलकते बीजिंग संस्कृति पारम्परिक स्वादों को भी वह पेश करता है। लगभग हर ग्राहक चीबाओ जोवूक्वेई जरूर मंगाता है, जो कि माहजौंग गोटी खेल के आकार में बना मटर के आटे का केक, जिसका स्वाद नरम व मीठा होता है। रेस्तरां की आंतरिक सजावट नानचिंग इम्प्रेशन्स (पारम्परिक नानजिंग व्यंजन में पारंगत रेस्तरां श्रृंखला) के बीजिंग रूपांतर सी है, जो ग्राहकों को चीनी गणतंत्र के दौर के जायकों की याद दिलाती है। विविध व्यंजनों का खाते-खाते, ग्राहक ढोल की थाप पर बीजिंग की बोली में कथा-वाचन प्रस्तुतियों का भी आनन्द से सकते हैं व साथ-साथ, अतीत में झांक कर ऐतिहासिक चरित्रों के उत्थान-पतन का भी नक्शा खींच सकते हैं।

समय-सम्मानित रेस्तरां का चिन्ह।

बीजिंग स्वाद वाला एक पक्षी पिंजरा।

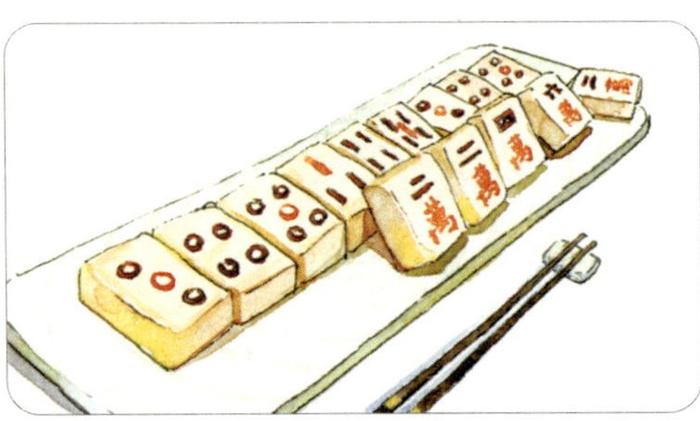

माहजोंग के आकार के मटर के आटे के केक, रेस्तरां में एक सिग्नेचर डिश।

रेस्तरां में चीन गणराज्य काल की शैली है।

四世同堂
小枣切糕

04

जिंगयांग हूटोंग, डोंगचेंग जिला

जिंगयांग हूटोंग में "चीन के अंतिम सम्राट" पुई द्वारा समर्थित दोहरी परत वाले दूध का आनंद लें

नानलुओगुशियांग की बगल में, जिंगयांग हूटोंग, युआन राजवंश के दौरान जाओहुइफांग का हिस्सा था और मिंग राजवंश-काल में जिंग्गोंगफांग का हिस्सा। उन दिनों वह जुआनजियाजिंग हूटोंग कहलाता था। चिंग राजवंश के उसका नाम बदल कर जिंग'अर हूटोंग किया गया, जो पीले किनारी के ध्वज से संबंधित था। चीनी गणतंत्र के दौरान यही नाम बनाये रखा गया। परंतु 1965 में जब बीजिंग ने अपने शीर्षशब्दों का मानकीकरण किया, तब इसका नाम बदल कर जिंगयांग हूटोंग रखा गया। यहां उपलब्ध दोहरी परत वाला दूध बीजिंग का अपना देशज पेय नहीं बल्कि चिंग राजवंश-काल में शुन्दे में उद्‌भव, भोजन उपरांत लिया जाने वाला एक केन्टनी मीठा आहार है। मुख्यतः दूध व पानी से बना यह मीठा, चीन के अंतिम सम्राट पुयी को बहुत पसन्द आया और फिर धीरे-धीरे पूरे बीजिंग में फैला। आज, जिंगयांग हूटोंग के पूर्वी इलाके ने लंबे चीनी स्कॉलर वृक्ष व गहरे स्लेटी रंग की ईंटें व सीमेन्ट के अगवाड़ा वाले आवासीय बंगले संरक्षित किये हुए हैं, जो आगुंतकों को आंतरिक शान्ति ढूंढने में मदद करते हैं। जिंगयांग हूटोंग में नाश्ता की किसी दुकान में दोहरी परत वाला दूध मंगायें और उसके मीठे स्वाद में अपने सपनों को साकार करें।

डबल-स्किन दूध का स्वाद मीठा होता है और इसका स्वाद लंबे समय तक बना रहता है।

डबल-स्किन दूध रेस्तरां की प्रमुख पेशकश है।

रेस्तरां में एक भोजनकर्ता।

सड़क के किनारे सीटें।

三元梅園
宫廷奶酪
杏仁豆腐
原味酸奶
酸梅汤
五谷杂粮
三元梅園

05

5-2 नुजी स्ट्रीट, ज़िचेंग जिला

नियुजी में पारंपरिक बीजिंग हॉटपॉट का आनंद लें

नियुजी एक ऐसा मार्ग है जो गुआंग'अन्मेनेई मार्ग से लेकर नान्हेंग मार्ग तक फैला हुआ है। यहां के मोहल्लों में हुई समुदाय के लोगों बहुत अधिक संख्या में बसे हुए हैं। पहले पहल, यहां अनार का एक बागान होने से मार्ग का नाम लियुजी (शब्दार्थ, "अनार मार्ग") रखा गया था। चूंकि "लियु" का स्वर "नियु" से मिलता-जुलता है, अतः बाद में सड़क का नाम नियुजी कर दिया गया। हुई निवासियों की गौमांस बनाने में विशेष दक्षता है और जुबाओयुआन नियुजी का बहुत पुराना व सर्वाधिक जाना-माना मुस्लिम रेस्तरां है। उनके यहां का अपने हाथों काटे हुए गोश्त का

स्वाद बहुत नरम, लजीज व ताजा होता है चाहे वह जरूरत से ज्यादा ही क्यों न उबाल दिया गया हो; तिल की चटनी बड़ी महकदार होती है पर तैलीय नहीं, और मीठा लहसन भी खूब स्वादिष्ट होता है। रेस्तरां में हर समय खाने वालों की भीड़ लगी रहती है, और पार्सल खिड़की के बाहर खाना पैक कर ले जाने वालों की एक लंबी लाइन भी अक्सर देखी जा सकती है। शरद में, जब मौसम में ठंडक होने लगती है तो इस रेस्तरां में तांबे के गर्म बर्तन में वास्तविक बीजिंग स्वाद के खाने का मजा ही कुछ और होता है।

रेस्तरां में पारंपरिक चीनी कटघरे हैं।

एक वेटर उन ग्राहकों का स्वागत करने के लिए दरवाजा खोलता है जो पहले से ही रेस्तरां के बाहर लाइन में खड़े हैं।

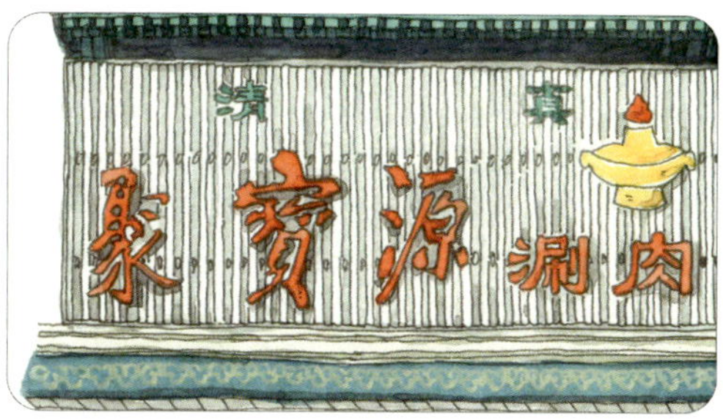

जुबाओयुआन हहटपहट रेस्तरां का साइनबोर्ड, एक समय-सम्मानित ब्रांड जो निकट और दूर तक जाना जाता है।

ग्राहक सीटों की प्रतीक्षा करने या सुबह-सुबह टेकआउट खरीदने के लिए रेस्तरां के बाहर कतार में खड़े होते हैं। यह जो व्यंजन पेश करता है वह निश्चित रूप से इंतजार करने लायक है।

06

18 जिनान रोड, झांगवानफेन गांव, चाओयांग जिला

चीन के सबसे लोकप्रिय निजी संग्रहालयों में से एक, गुआनफू संग्रहालय का भ्रमण करें

प्राचीन चीनी दर्शनशास्त्री लाओ-सू ने *ताओ ती चिंग* में लिखा, "मानव को अंतिम शून्यता हासिल करनी है तथा ईमानदारी से धीरता बनाये जिससे वह सभी प्राणियों की संवृद्धि व फलने-फूलने का अवलोकन कर सके।" चीन के सर्वाधिक लोकप्रिय निजी संग्रहालयों में से एक, गुआनफू (शब्दार्थ, "सभी प्राणियों की संवृद्धि का अवलोकन करे") संग्रहालय ने अपना नाम उपरोक्त पंक्तियों से ही लिया है। उसके संग्रहाध्यक्ष, मा वीडू, ख्यातिप्राप्त सांस्कृतिक पुरावस्तु संग्राहक हैं। शैक्षिक दृष्टिकोण से वे अक्सर किताबों तथा ऑडियो-वीडियो के जरिए चीनी सांस्कृतिक पुरावस्तुओं की बारे में जानकारी व ज्ञान साझा करते रहते हैं। अगर आप छाओयैंग जिला में दशान्जी इलाके से गुजरें, तो इस संग्रहालय को जरूर देखें। गुआनफू संग्रहालय के चिह्न में चीनी अक्षर, सोंग राजवंश के प्रतिष्ठित अध्येता ओयांग षुये के अभिलेखों पर आधारित हैं। जैसा मा वीडू ने एक बार कहा, आज का कोई भी सुलेखक, प्राचीन समय के अपने पूर्वजों की बराबरी नहीं कर सकता।

लाओ-त्जु के *ताओ ते चिंग* के उद्धरण गुआनफू संग्रहालय की बाहरी दीवार पर पाए जाते हैं, जिससे संग्रहालय का नाम पड़ा।

गुआनफू संग्रहालय के प्रांगण में लंबी मेज संग्रहालय द्वारा रखी गई बिल्लियों के लिए विश्राम क्षेत्र बन जाती है। मेज के बगल में एक पत्थर की मेज, पत्थर के स्टूल और एक विशाल कांच का मछली टैंक है।

गुआनफू संग्रहालय का लोगो।

एक पत्थर की मेज, पत्थर के स्टूल, दरवाज़े के खम्भे और लहन में एक सुंदर पत्थर का शेर।

चीन रेलवे संग्रहालय का चिन्ह।

यह संग्रहालय यूरोपीय स्थापत्य शैली का दावा करता है।

07

ए2 चियानमेन स्ट्रीट, डोंगचेंग जिला

चीन रेल संग्रहालय में द्रुत-गति रेलों की तारीफ़ करें

प्राचीन चीन की चार महान आविष्कारों से कई लोग परिचित ही हैं: कंपास, बारूद, कागज निर्माण व टाइपोग्राफी। हाल के वर्षों में, चीन में रह रहे अंतरराष्ट्रीय छात्रों ने चीन के "आधुनिक समय के चार महान नये आविष्कार" पर वोट किया – द्रुत-गति रेल, मोबाइल द्वारा भुगतान, साझा साईकिलें व ऑनलाइन खरीदारी। द्रुत-गति से चलनी वाली रेल से न सिर्फ यात्रा करने के चीनी तरीकों में बदलाव आया बल्कि चीन के बारे में नविकृत विदेशी उत्सुकता व जागरूकता भी बढ़ी। चीन में कई विदेशी यात्रियों का यह मानना है कि द्रुत-गति रेल "एक ऐसी जीवनशैली है जिसे वे सर्वाधिक घर ले जाना चाहेंगे।" राज्य-स्तरीय रेल के विषय पर आधारित चीन रेल संग्रहालय वाकई देखने लायक है। उसमें, चीन में रेल स्थापना के पितामह, जान तियानयू (1861-1919) के समय की पुरानी रेल तथा आधुनिक द्रुत-गति वाली रेलें संरक्षित हैं। ये वाहन, पिछली शताब्दी में चीन में रेल यातायात में अद्भुत परिवर्तनों के साक्ष्य हैं।

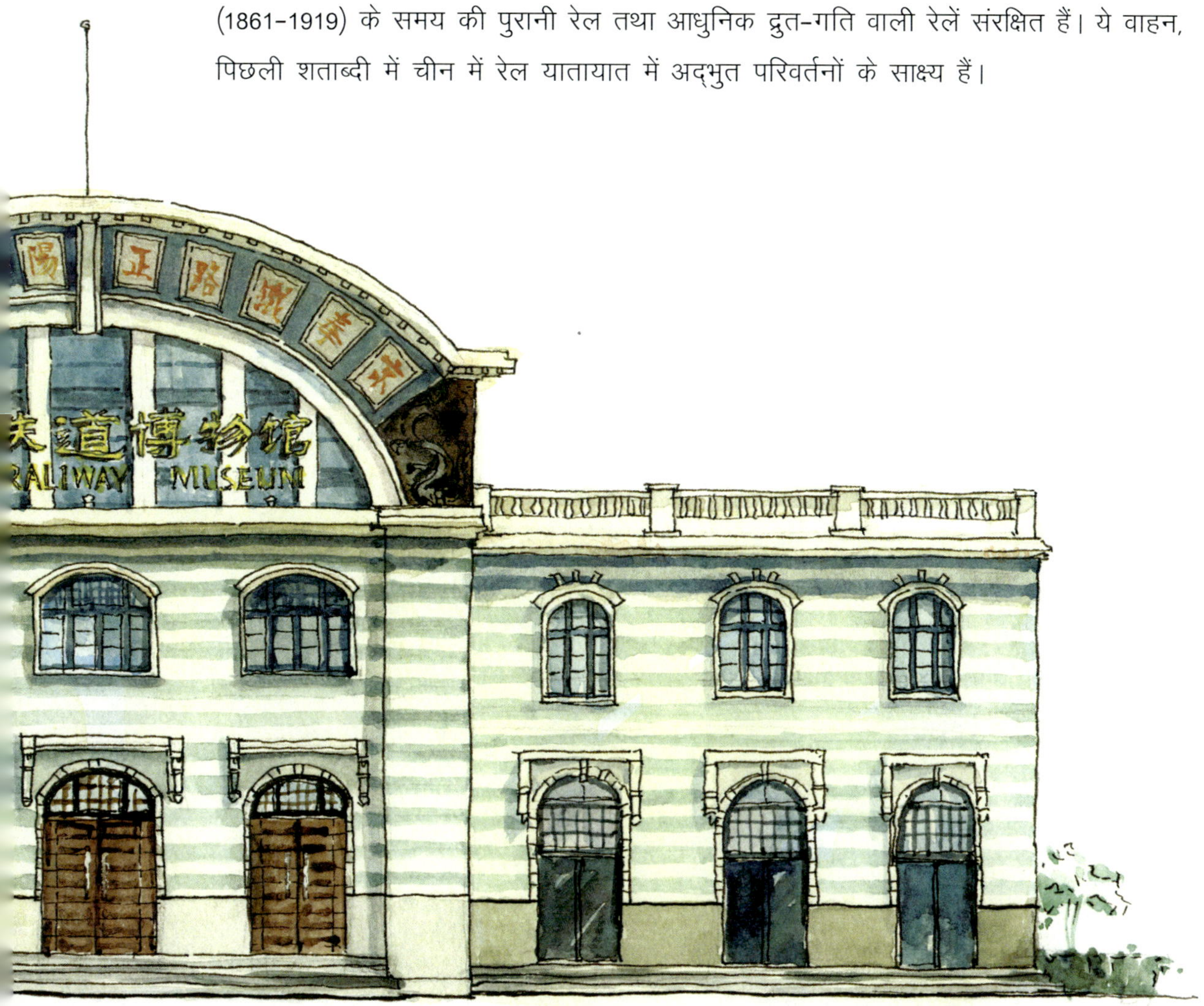

08

9 नानयिंग रोड, चाओयांग जिला

दुनिया के सबसे बड़े राज्य-स्तरीय फिल्म संग्रहालय, चीन राष्ट्रीय फिल्म संग्रहालय का दौरा करें

1905 में, चीन की पहली फिल्म *दिंगजुन माउण्टेन* का सिनेमा घरों में प्रदर्शन हुआ। अगली शताब्दी के पूरे दौरान, चीनी फिल्मकारों, कलाकारों व दर्शकों की तमाम पीढ़ियों ने देश में इस कला के विकास में योगदान दिया। सिनेमा के वरिष्ठ शौकीनों को चाओयांग जिला में नानचिंग मार्ग पर चीन राष्ट्रीय फिल्म संग्रहालय जाना चाहिए। दुनिया में अपनी तरह के सबसे विशाल संग्रहालय में अचम्भे में डालने वाली एक से एक वस्तुएं हैं। संग्रहालय की इमारत, चीन में सिनेमा के जन्म की शताब्दी के सम्मान में बनायी गयी। इसमें पिछली एक शताब्दी में चीनी फिल्मों के विकास तथा आधुनिकतम फिल्म प्रौद्योगिकी पर प्रदर्शनियां लगती हैं तथा फिल्म संस्कृति के प्रसार के लिए फिल्म संबंधित अकादमिक कार्यक्रम आयोजित किये जाते हैं। संग्रहालय में पेशेवर आई-मैक्स पर फिल्म प्रदर्शन के लिए एक हॉल है। संग्रहालय के सदस्यों के लिए एक फैले हुए हॉल में फिल्म देखने पर सिर्फ 30 युआन लगते हैं।

चीन के राष्ट्रीय फिल्म संग्रहालय की इमारत का मुख्य स्वर काला है।

संग्रहालय के बाहरी हिस्से में खोखले पैटर्न वाले धातु के पैनल हैं।

इमारत को विशाल रंगीन कांच के अग्रभागों से सजाया गया है।

चीन राष्ट्रीय फिल्म संग्रहालय का चिन्ह।

09

15 यांगरोउ लेन, ज़िसी, ज़िचेंग जिला

चीनी भूगर्भीय संग्रहालय में पत्थरों की कहानियाँ सुनें

क्या पत्थर "बोलते" हैं? हां, वे बोलते हैं – चीनी भूगर्भीय संग्रहालय में। अपनी वैश्विक ख्याति के बावजूद, संग्रहालय बीजिंग भूमिगत रेल लाइन 4 पर सिसी स्टेशन के दक्षिण-पश्चिम कोने में एक साधारण सी इमारत में स्थित है। चीन के यह पहले राज्य-स्तरीय भूगर्भीय संग्रहालय का इतिहास 100 सालों से भी ज्यादा है और एशिया में "अपनी तरह का सर्वोत्तम" कह कर उसकी प्रशंसा की गयी है। भूगर्भीय खनिज प्रदर्शन हॉल इसका पूर्ववर्ती था जिसकी स्थापना, चीन में प्रशिक्षित प्रथम 18 भूगर्भ-विज्ञान स्नातकों द्वारा किये जांच-परिणाम प्रदर्शित करने के लिए 1916 में हुई थी। कई एक पीढ़ियों के प्रयासों के बाद, संग्रहालय में रखे नमूनों की संख्या 917 से बढ़कर 220,000 से भी अधिक हो गयी है जो इसे एशिया में सबसे समृद्ध भूगर्भीय संग्रहालय बनाता है। संग्रहालय, पत्थरों द्वारा "वर्णित" कहानियाँ पेश करता है। इसके अलावा, आगुंतकों को यह जान कर सुखद आश्चर्य होता है कि प्रत्येक पत्थर की एक प्रभावशाली "आंतरिक दुनिया" होती है।

10

डोंगहुआन नॉर्थ रोड, डेशिंग जिला

बीजिंग ई-टाउन में नए शहरी युवाओं के जीवन पर एक नज़र डालें

कई लोग बीजिंग और शंघाई के बीच फर्क के बारे में अक्सर सोचते रहते हैं। शंघाई में 10 साल रहने के बाद आप वहां की बोली बोलने लगते हैं। मगर, बीजिंग में एक दशक रहने के बाद भी आप अपनी सांस्कृतिक जड़ों को बनाये रखेंगे। बीजिंग, एक महाशहर के तौर पर अद्वितीय समाविष्टी दर्शाता है। आप कहीं से भी हो, आप अगर मेहनती हों तो वहां बस सकते हो। तासींग जिला के लीजुआंग में बीजिंग आर्थिक-प्रोद्योगिक विकास क्षेत्र में, जो बीजिंग ई-टाउन के नाम से भी जाना जाता है, देश भर से उच्च-तकनीक के लोग जुटते हैं। घर-जमीन की

खरीद-फरोख्त व्यापार से जुड़ी कंपनियों के दफ्तरों में आप आये दिन, किराए पर घर लेने या खरीदने के इच्छुक युवा दंपतियों को अपनी डॉक्ट्रेट की डिग्रियां थामें देखेंगे। अनगिनत उच्च-तकनीक प्राप्त पेशेवर लोग बीजिंग ई-टाउन की ओर आकर्षित हुए हैं जो बीजिंग के नवाचार-चालित विकास में अपने ज्ञान व विशेषज्ञता का योगदान करते हैं। देश भर से आये युवाओं की बाढ़ ने स्थानीय सब्जी, गोष्त, आदि बाजार का माहौल भी बदल डाला है। पहले समय में, दुकानदार एक अण्डा, टमाटर या छोटा सा प्याज खरीदने वाले ग्राहक को हेय दृष्टि से देखते थे क्योंकि उत्तरी चीन के अधिकांश निवासी सब्जियां किलो-किलो के हिसाब से लेते थे। मगर अब, युवा शहरियों में प्रचलित छोटी मात्रा में खरीदने की प्रवृति को वे स्वीकार करने लगे हैं।

11

24 बैवानजुआंग स्ट्रीट, ज़िचेंग जिला

विश्व को चीन का परिचय देती सीआईपीजी की कहानियाँ सुनें

चीनी राष्ट्रीय प्रेस प्रशासन के पूर्व अंतरराष्ट्रीय समाचार प्रभाग, 26 गुओहुई मार्ग पर स्थित, से लेकर आज के 24 बैवानजुआंग मार्ग पर स्थित, चाइना इंटरनेशनल पब्लिशिंग ग्रुप (सीआईपीजी) तक, अंतरराष्ट्रीय संचार व अनुवाद को समर्पित इस संस्थान का इतिहास 70 वर्षों से भी अधिक समय का रहा है। अनुवाद या भाषांतर के मायने, सिर्फ एक भाषा को दूसरी में परिवर्तित करने से कहीं अधिक होते हैं और ज्यादा महत्त्वपूर्ण, क्योंकि हर भाषा अपने अलग सांस्कृतिक लक्ष्यार्थ से अवगत कराती है, अनुवाद मूलपाठ में निहित सांस्कृतिक रीति-रिवाजों व दार्शनिक संकेतों का आदान-प्रदान संभव बनाता है। इस उद्देश्य से कि विविध सांस्कृतिक पृष्ठभूमि के लोग एक-दूसरे से संवाद स्थापित कर सकें, सीआईपीजी, अनुवाद व प्रकाशन उद्योग को लेकर प्रतिबद्ध है। अनुवाद व प्रकाशन बदलते समय के साथ जारी रहेंगे, अतः सीआईपीजी द्वारा प्रकाशित कथाएं भी। उसने दुनिया से चीन के वृतांत किस तरह साझा किये, उसका विवरण सुनने के लिए सीआईपीजी आपको अपने मुख्यालय में आमंत्रित करता है।

खिड़कियों के बाहर चीनी शैली के छज्जे।

इमारत की बाहरी दीवार को नक्काशीदार चौकोर ईंटों से सजाया गया है।